2023 순천만국제정원박람회 성공의 비밀

2023
순천만국제정원박람회
성공의 비밀

1판 1쇄 인쇄 2023년 12월 19일
1판 1쇄 발행 2023년 12월 26일

엮은이 노관규
펴낸이 백은숙
펴낸곳 K-크리에이터

TF팀 이사 문대열
디자인 그래픽웨일

등록번호 제2019-000192호
주소 (10486) 경기도 고양시 덕양구 중앙로 438, 701호(행신동, 아름터프라자)
대표전화 02-932-0001 팩스 0504-433-1968 **이메일** kcreator@kpei.or.kr

ⓒ 노관규, 2023

ISBN 979-11-971622-9-9 (03980)

* 잘못된 책은 구입한 곳에서 환불 또는 교환하실 수 있습니다.
* 책값은 책 뒤표지에 있습니다.
* 이 책의 판권은 지은이와 K-크리에이터 출판사에 있습니다.
  본 책 내용의 전부 또는 일부를 재사용하려면 반드시 저작권자의 서면 동의를 받아야 합니다.

2023
순천만국제정원박람회

성공의 비밀

노관규 순천시장

노관규의 생태도시 실험,
대한민국을 흔들다

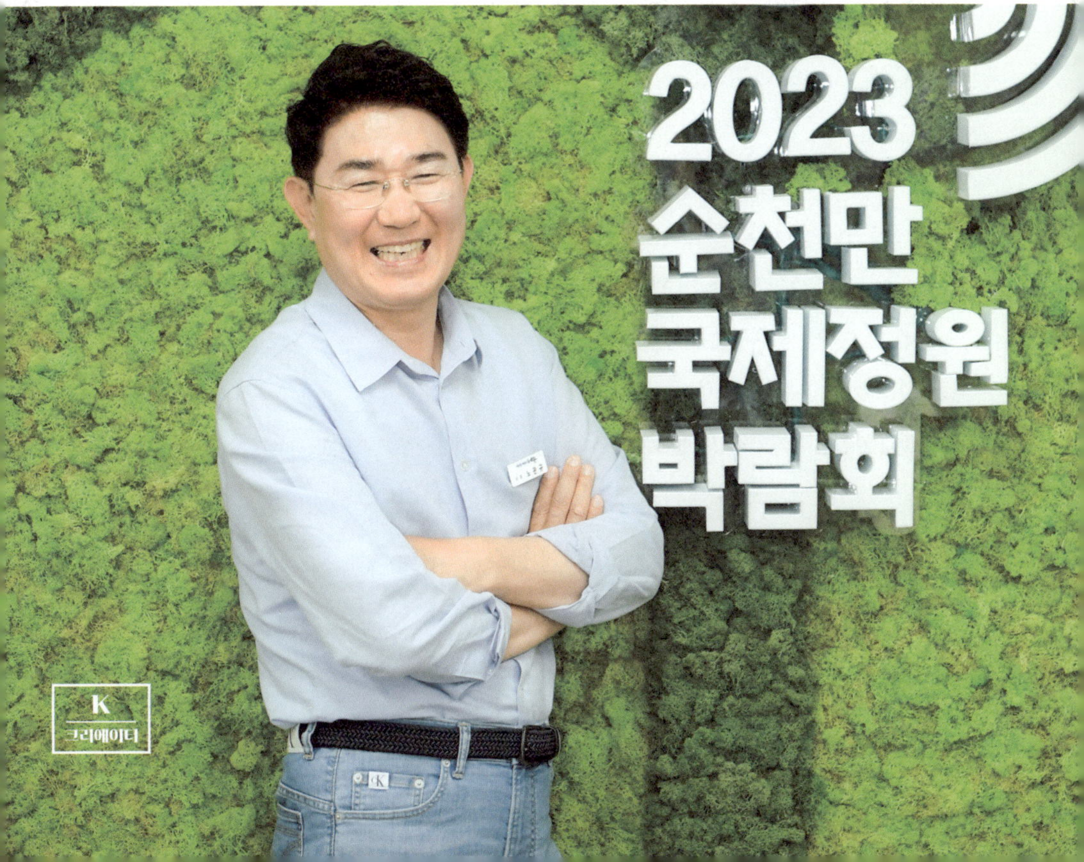

K 크리에이터

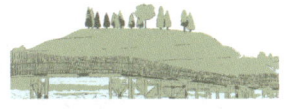

순천을 만난 사람들

　순천은 생태가 경제를 살린다는 철학을 갖고 도시 전체를 생태도시, 정원도시로 만들었습니다. 이 정도면 지방정부를 믿고 권한을 이양해 줘도 좋겠다는 확신이 듭니다. 순천이 호남과 대한민국 발전의 핵심 거점이 되도록 제대로 챙기겠습니다.
　2023. 3. 31. 윤석열 대통령 정원박람회 개막식에서

　'정원도시, 서울'을 구상하고 있는데, 제일 좋은 모델케이스, 벤치마킹을 해야 될 장소가 바로 이곳 순천만국제정원박람회입니다. 노작가님한테 여러 아이디어도 배우고 어떻게 하면 비용을 덜 들이면서 성공적으로 시민들이 즐길 수 있는 여유 공간, 녹지생태 공간을 만들어 드릴 수 있을까에 대해 공부를 하러 왔습니다.
　2023. 5. 9. 오세훈 서울시장

　정원박람회를 통해 지역 화훼산업이 크게 발전하고 일자리도 창출될 것으로 기대됩니다. 순천만 보전을 위한 노력이 대단하며 흑두루미가 월동할 때쯤 다시와 용산 전망대까지 가보고 싶습니다.
　2023. 5. 18. 김진표 국회의장

　정원박람회는 지방시대 가능성을 열어준 가장 성공적인 사례. 순천의 발전도 발전이지만 전국의 226개 지방자치단체를 구해줬다.
　2023. 11. 13. 우동기 지방시대위원회 위원장

기후변화 대응에 있어 가장 앞서가는 도를 만들기 위한 여러가지를 이곳 순천에서 배우게 돼서 아주 보람있고 기쁘게 생각합니다.
2023. 7. 31. 김동연 경기도지사

정원박람회로 순천과 전남의 이름이 세계 속에 빛난 해였다. 순천은 지역이 가진 매력과 경쟁력이 대한민국 넘어 세계에서도 성공할 수 있음을 멋지게 보여주고, 빛나는 지방시대에 큰 획을 그었다.
2023. 10. 31. 김영록 전남지사

부산도 낙동강이라고 하는 좋은 환경을 가지고 있어서 국가정원사업을 추진 중인데 순천으로부터 저희가 많은 것을 배우려고 하고 있습니다.
2023. 7. 31. 박형준 부산광역시장

큰일났다! 다른 도시 정원박람회 한다는 사람들 어떡할 거야! 이걸 보고 기겁을 해 가지고 엄두를 못 낼 거 같은데 순천만큼 해야 되는데 난리 났네!
2023. 4. 29. 최민호 세종시장

순천만국제정원박람회는 순천시 공무원들이 열정을 가지고 짧은 기간 성공으로 이끈 대한민국 지방 행정의 신모델입니다. 아스팔트 도로 위에 푸른 정원길로 만든 '그린아일랜드' 등 대부분 콘텐츠를 용역에 의존하지 않고 공무원들이 직접 애정을 갖고 추진한 결과물, 추진 과정을 상세히 벤치마킹해 도정에 반영할 것입니다.
2023. 6. 1. 박완수 경남도지사

정원의 아름다움과 함께 '진정한 지방자치 실현의 장' '단기 선심성 정책 대신' 장기 미래비전에 투자한 것과 '중앙정치로부터 독립을 이룬 것'이 대단하며 이를 지지해 준 순천시민들에게 존경의 박수를 보낸다.
2023. 5. 10. 최호권 영등포구청장

순천시 특별세션은 노관규 시장에 대한 리더십 그리고 국제정원박람회의 성공적인 전략은 어디서 나오는 건지 순천을 좀 더 공부하고 탐구하고, 특히 우리 노 시장님에 대해서 연구하고 싶었습니다.
2023. 8. 17. 전광섭 한국지방자치학회장

노관규 시장은 순천의 비전을 '정원'의 도시, '생태수도'로 설정, 첫 번째 국제정원박람회를 성공시켰다. 순천만습지를 도시경쟁력의 원천으로, 자연과의 공생을 도시발전 전략으로 도시 정체성을 지키고 키워온 쾌거를 이번 박람회가 잘 보여줄 것이다.
2023. 4. 4. 정석 서울시립대 교수

순천에 신성장자본이 생겼다. '생태 정원 도시'란 브랜드가 그것이다. 박람회장을 공원(순천만국가정원)으로 만들어 국민에게 되돌려줬다. 도시 이미지는 완전히 달라졌고 도시 품격도 많이 높아졌다.
2023. 4. 25. 이정록 전남대 교수

순천만국제정원박람회장 현장 시찰을 통해 춘천호수국가정원 조성을 위한 큰 그림이 더욱 선명하게 그려졌다.
2023. 4. 4. 육동한 춘천시장

영상보는 내내 눈가가 촉촉해졌네요. 이런 아이디어를 내주신 순천시장님과 그 일을 수행하신 공무원들, 그리고 무엇보다 이 위대한 일을 함께 해주신 순천시민 여러분들께 국민의 한사람으로써 깊은 감사를 드립니다.
@user-oo8yx4bv5m

일본에 사는 한국인으로서 벅차게 감격스러워요. 고국 방문할 때 꼭 가보고싶은 곳 입니다. 문화콘텐츠까지 확대되면 순천의 문화가 한국을 대표하리라 믿습니다. 우리의 고유함과 전통과 현대가 어우러져 숨쉬는 독창적인 세계가 펼쳐지기를 응원하고 기원합니다.
@shrho8673

순천은 앞으로 도시가 나아가야할 방향을 제시하고 있습니다. 순천도시만의 색깔이 확실하게 자리잡고 있어 시민으로서 너무 뿌듯합니다.
@user-dh4ec2lu5x

일자리를 찾아서 대도시로 떠난 청년들이 길을 잃고 힘들어하는 모습을 접할때 마다, 너무 안타까웠어요. 서민 경제와 밀접한 문화관광산업을 생태환경 개선을 통해 접근하는 방식이 너무 세련되었다고 생각해서 기회가 되면 순천에 방문하고 배워갈 수 있다면 좋겠습니다~
@pohangbrewery

자녀가 세명인데요 순천가서 살고 싶은 마음이 큽니다 시장님 정말 대단하십니다 저도 자연을 너무 사랑 한답니다 저희 아이들도 자연에서 삶을 누릴 수 있도록 생각해 보겠습니다
@user-bv5dr9ud9m

목차

순천을 만난 사람들 　　　　　　　　　　　　　　　　　　　　　　　4
책을 펴내며 　｜　〈순천만국제정원박람회〉의 역사를 기록하며　　　　12

1부 순천만정원박람회의 기적: 시작에서 끝까지 7개월의 기록

순천만국제정원박람회 성공의 비밀　　　　　　　　　　　　　　　　19
노관규의 생태도시 실험, 대한민국을 흔들다　　　　　　　　　　　　77
순천만정원박람회의 성과, 그리고 새로운 계획　　　　　　　　　　　86

2부 정원박람회, 시작에서 끝까지

개최 100일전 부터 10년후의 미래를 설계하다　　　　　　　　　　106
D-100일, 킬러 콘텐츠 전략을 수립하다　　　　　　　　　　　　　109
세계적인 환경수도를 벤치마킹하다　　　　　　　　　　　　　　　114
노관규 시장의 오랜 꿈, '생태 수도'를 만나다　　　　　　　　　　　120
D-7일 "4월에는 순천하세요" 준비 박차　　　　　　　　　　　　　131
노관규 시장, 박람회 이후 100년을 준비하고 있다.　　　　　　　　135
윤석열 대통령 부부가 참석한 개막식　　　　　　　　　　　　　　140
가장 현실적인 기후위기 대응방안　　　　　　　　　　　　　　　　144
D+23일, 200만 관람객 돌파　　　　　　　　　　　　　　　　　148

D+58일만에 400만 돌파한 〈흥행 비결〉	**152**
3만불 시대, 새로운 선진국으로 가는 '정원의 삶' 모델 제시	**157**
정원 플래너로서의 노 작가의 총괄 지휘	**162**
한국형 디즈니랜드를 위한 미래 전략	**166**
"미래의 정원에 K-콘텐츠 심겠다"	**171**
국내 최초 위치추적 흑두루미, 순천만에 돌아왔다.	**174**
214일간의 긴 여정, 순천의 기적	**177**
새만금과 다른 순천만 정원의 3가지 성공비결	**181**
'3합'의 완벽한 조화, 지방 행정의 신모델	**185**
K-디즈니 조성 박차… 순천형 문화콘텐츠 생태계 만든다	**192**

3부 한국지방자치학회 특별세션

- 순천만정원박람회의 정책화와 시장의 리더쉽 평가

우리는 정원에 삽니다	**198**
국제정원박람회의 성공 전략은 어디서 오는가	**211**
생각이 지배당하는 나라가 선진국이 된 예는 없다	**213**
순천시 정원박람회 정책화와 노관규 시장 리더십	**216**
〈종합토론〉 순천만정원박람회의 성공 요인과 발전방향	**231**

4부 20년만에 다시 읽는 나의 자서전

- 국제정원박람회를 마치고, 순천만에 다시 서다

고졸 검사 출신으로 DJ 권유로 정치권에 입문하다	242
무소속 출신의 3선 순천시장의 정치철학과 행정의 비전	249
〈나는 민들레처럼 희망을 퍼트리고 싶다〉는 자서전을 출간한 이유	258
억장 무너지는 가슴아픈 이야기	261
순천과의 특별한 인연 그리고 순천역에서 쓴 자작시	267
내가 꿈꾸는 세상	272
가난했던 청년시절의 사랑과 결혼이야기	275
희귀질환을 앓는 아들로부터 배운 인생의 교훈	282
나의 고향 지리산과 순천만정원박람회	286
시장학교에 다니던 시절의 "노관규의 시장 10계명"	290
나는 또 민들레처럼 희망을 뿌리고 싶다	297

〈부록1〉 2023 순천만국제정원박람회 역사 (2019~2023)	302
〈부록2〉 노관규 시장의 출생에서 순천시장까지	312
〈참고문헌〉	314

일러두기

『2023 순천만국제정원박람회 성공의 비밀』에 오신 것을 환영합니다. 이 책은 정원박람회의 역동적인 세계를 종합적으로 조명합니다. 정원박람회를 구상하고 열정적으로 이끌어 온 노관규 시장의 인터뷰를 통해 성공의 비밀 열쇠를 얻게 될 것입니다. 그리고 이 행사의 풍부한 역사를 추적하는 언론 기사 모음을 슬기롭게 결합했습니다. 또한, 박람회 기간 중 개최되었던 한국지방자치학회 하계국제학술대회에서 조명된 노관규 시장의 리더십에 대한 학자들의 토론을 통해 사려 깊은 통찰을 제공합니다. 마지막으로, 이 정원박람회를 새로운 높이로 이끈 시장의 자서전적 이야기가 흥미진진하게 펼쳐집니다.

이 책에 수록된 언론사의 저작권을 존중하며, 기사 사용에 대해 적절한 인용 및 출처를 표시합니다. 연락이 미치지 못하여 저작권 협의가 이루어지지 못한 경우 출간후에도 적절한 보상을 위해 최선을 다하겠습니다.

주의: 독자 여러분의 몰입감 있는 경험을 위해 인터뷰는 사투리의 구수함과 현장감을 살리면서도 명료함과 가독성을 유지하도록 세심하게 편집되었습니다.

책을 펴내며

<순천만국제정원박람회>의 기적의 역사를 기록하며

20여년전 처음으로 "나는 민들레처럼 희망을 퍼트리고 싶다"라는 책을 출간한 뒤로 실로 오랜만에 책을 출간합니다.

사실 2023순천만국제정원박람회를 치르는 동안에는 이렇게 책을 내는 상상할 여유조차 없었습니다. 많은 분들께서 책출간에 대해 여러 차례 강력히 권고하셨지만 그 때마다 마다했습니다. 또한 박람회를 마치고 나서도 정치인으로서 책을 낸다는 것 자체에 대한 부담감이 상당했습니다.

2023순천만국제정원박람회는 절대 저혼자 이뤄낸 결과가 아니기에 책을 펴내는데 더더욱 조심스러웠습니다. 이 책의 곳곳에 '삼합'이란 단어로 표현되어 있지만 풍부한 경험과 상상력을 바탕으로 방향을 정확히 제시해 주는 리더와 실무를 통해 상상을 현실로 만들어 줄 수 있는 실력 있는 공무원들, 그리고 무한한 신뢰와 지지를 보내주신 시민들이 계셨기에 가능한 일이었음 다시 한번 정확히 기록해야겠다는 생각이 있었습니다.

그리고 박람회 기간 중 한국지방자치학회 교수 및 전문가들께서 과분한 칭찬을 해주셨고 2023순천만국제정원박람회의 자료적 가치를 위해서라도 정원박람회 전기간 기록화 및 시장으로써 경험을 남겨두는 것이 어떻겠냐는 제안을 하셨습니다.

또한 김미경TV에 출연한 적이 있는데 김미경 대표께서 국내는 물론 해외에 정원박람회 성과를 메뉴얼화하고 저만의 경험을 반드시 출간해서 널리 공유할 것을 강력하게 제안하셨습니다.

그래서 정원박람회에 대한 생생한 기억이 아직 살아 있을 때, 너무 늦기전에 제 생각들을 정리하고 객관성을 더하고자 언론과 미디어에 보도된 자료와 한국지방자치학회의 심층토론 자료 등을 중심으로 기록했습니다.

이것은 2023순천만국제정원박람회에 대한 기록이며, 함께 땀 흘린 공무원님들과 시민들에 대한 그리고 저 노관규에 대한 기록입니다.

이 책을 정리하면서 저의 성장환경과 가족들 그리고 정치적 역정 등 모든 경험과 지식이 2023순천만국제정원박람회 곳곳에 녹아있음을 느꼈습니다.

순천시장이 아닌 정원을 디자인하는 노작가의 시선으로 조직위 직원들과 함께 수많은 아이디어 회의 및 현장점검을 통해 동기부여와 자신감을 불어넣었습니다. 또한 새로운 리더십을 도입하여 자연과 인간의 조화가 총 망라된 이 정원을 10년만에 완전히 새로운 정원으로 탄생시켰습니다.

준비하는 과정에서 강추위와 가뭄, 폭우와 폭염도 우리의 열정과 희망을 꺾어버릴 순 없었습니다. 우리는 이겨냈습니다.

견디기 힘든 어려움과 역경속에도 언제나 희망은 있습니다. 그리고 어려움을 이겨내기 위한 궁리 속에 또 다른 상상력과 그것을 현실로 만들기 위한 열정이 솟아납니다.

1000만명에 가까운 대한민국 국민들께서 느끼셨던 2023의 감동과 성공의 비결을 다 담아낼 수 없지만 이 책이 수도권벨트에 대항해 험난한 지방시대를 살아가는 도시들에 대한 비전과 정원박람회 노하우를 다른 도시들과 나누고 미래로 나아가는 화두를 제시하는 참고서가 되었으면 합니다.

우리 순천이 만든 정원은 그 자체가 목표가 아닙니다. 자연과 공존하여 소득 5만불 수준의 삶을 사는 도시의 미래를 보여주기 위한 하나의 수단일 뿐입니다.

이제 저는 우리가 가지고 있는 가장 큰 장점인 천혜의 자연환경 등 아날로그적인 요소에 Ai 시대를 맞이한 시대적 변화들이 반영된 디지털적인 요소를 결합하여 전 세대가 새로운 즐거움과 힐링을 맛볼 수 있는 새로운 정원을 꿈꿔봅니다.

정원을 넘어 대한민국이 수도권과 지방 모두 5만불시대 수준의 삶을 사는 진정한 지방시대가 열리는 행복한 상상을 해봅니다.

마지막으로 제 마음속 불꽃 같은 희망의 원동력은 사랑하는 가족들, 그리고 가족같이 변함없는 지지와 정을 나눠주신 분들이라는 고백을 드립니다.

그리고 2023순천만국제정원박람회를 위해 애써 주신 순천시와 조직위 직원여러분들과 보이지 않는 곳에서 땀흘려 주신 수많은 자원봉사자 여러분들께 이 글을 통해 다시 한번 감사를 드립니다.

저는 앞으로도 여전히 희망의 불씨를 전하는 사람이 되고 싶습니다.

시장에서 마두리까지

끝나들의 기록

1부

순천만 정원박람회의 기적

2023 순천만국제정원박람회
성공의 비밀

순천만국제정원박람회 성공의 비밀

2023

순천만국제정원박람회
성공의 비밀

다음의 인터뷰는 순천만정원박람회가 끝난 이후
국내외 언론과 시민들에 의해서 제기된 다양한 질문에 대해
노관규 시장이 직접 심층적으로 답변한 것이다.

정원박람회 평가와 소회

문_ 정원박람회가 끝났는데요, 폐막한 지는 얼마나 됐죠? 한 4개월은 된 줄 알았는데 4주밖에 안 됐군요.

노관규_ 안 그래도 누가 물어보길래 이달에 끝났다고 그랬더니 다 웃고 있더군요. 11월 5일 공식적으로 마무리했어요.

문_ 네 그렇군요. 정원박람회가 폐막한 지 한 달이 다 되었는데, 소회가 어떠세요?

노관규_ 국민들의 평가는 국민 다섯 분 중에 한 분이 다녀가실 정도였지만, 실제로 이걸 기획하고 준비했던 사람으로서는 아쉬움이 많죠. 그리고 또 하나 고민은, 젊은이들은 넓고 깨끗하고 잘 만들어져서 좋은데 지루하다고 하고, 노인들은 참 잘 만들고 좋은데 다 돌아보기가

너무 힘들다고 하더군요. 그래서 이 두 가지를 예측할 수 있는 과학기술로 어떻게 보완해서 새로운 형태의 미래 정원으로 보여주어야 할지, 실질적으로 고민이 더 커졌어요. 시원섭섭한 게 아니라.

문_ 네, 그렇군요. 두 번째 질문은요, 박람회가 상상할 수 없을 정도로 큰 성과를 거두었어요. 이건 정말 보람 있었다고 할 수 있을 정도로

순천만 흑두루미. 순천만은 모든 동물의 보고예요.
만일에 말을 타고 순천만까지 갈 수 있었으면
얼마나 좋을까 하는 생각을 했어요.

좋았던 성과를 딱 하나만 꼽으면 무엇일까요?

노관규_ 제일 어려운 것이 하나만 꼽는 거예요. 왜냐하면 정원이란 모든 개성을 다 그대로 유지한 채로 자기의 역할을 해서 이것이 다 모여졌을 때 모든 사람들에게 주관적인 기쁨을 주는 건데, 성공한 거 하나만 얘기하라면 굉장히 어려워요.

문_ 그러시군요. 그러면 두 가지 이야기하실래요? 정말 이거는 내가 꼭 자랑하고 싶다 하는 것.

노관규_ 이제까지 우리는 정원이 낯선 나라였기 때문에 외국 정원을 베껴오는 데 급급했습니다. 그러나 이번에는 우리의 생각으로, 우리의 정서에 맞는 우리만의 정원을 창조해서 만들어 냈다는 것이 가장 보람 있었어요.

문_ 자연스럽게 답이 돼버렸는데요? (웃음) 조금 전 아쉽다는 표현도 하셨는데, 정원박람회를 마치면서 이거는 단순히 아쉬운 정도를 넘어서, 다시 한다면 내가 이것만은 고치겠다고 하는 문제점이나 개선책은 무엇이 있을까요? 또 앞으로 미래의 순천시정을 운영할 때 이것만은 고쳐야겠다는 것은 무엇이 있었나요?

노관규_ 정원박람회 사이트에 순천만이 포함돼 있어요. 그리고 이 정원박람회의 이름 자체가 '순천만국제정원박람회'이듯, 순천만과 떨어질래야 떨어질 수 없는 게 바로 이 박람회예요. 그런데 정작 이 박람회 메인 사이트와 순천만을 연결하는 수단이 마땅치 않았다는 거예요. 그래서 만일에 앞으로의 전략을 편다면 순천만을 도심까지 어떻게 끌어당겨야 하는지가 관건 중 하나예요. 그리고 연결하는 방식도 수많은 강의 물줄기가 모여 순천만이 만들어지는데, 이런 강에 배가 떠서 순천만까지 갈 수 있게 하는 것을 하나도 해결하지 못했다는 거예요. 순천만은 모든 동물의 보고예요. 만일에 말을 타고 순천만까지 갈 수 있었으면 얼마나 좋을까 하는 생각을 했어요. 현대 문명의 수단인 자동차가 아니라말이죠. 그래서 결국은 우리가 정원박람회를 치르는 메인 사이트와 순천만을 정확하게 연결하는 수단도 부재했고, 또 그 수단에 대해서 여러 가지 준비를 못했다는 게 굉장히 아쉬운 대목이에요.

문_ 말씀과 연결해서, 정원박람회와 순천만의 관람을 위한 그런 브랜드 상품 중에서 순천 하면 흑두루미잖아요? 그래서 흑두루미와 닮은 모형을 한, 가족들끼리 아이들끼리 탈 수 있는 수단이면 더 좋을 듯 싶어요.

노관규_ 유람선도 좋고요.

문_ 네, 유람선에 흑두루미 유람선도 넣고, 흑두루미 자전거 등도 한 번 생각해 볼 수 있을 것 같은데요?

노관규_ 당연하죠. 생각해 볼 수 있는데 준비 기간이 너무 짧았어요.

문_ 아니요, 앞으로 말이죠.

노관규_ 앞으로는 우리가 애니메이션 클러스터로 갈 것이기 때문에 당연하게 해야 할 중요한 콘텐츠 중 하나에요.

새로운 문화를 창조하기 위한 여정을 시작하다

문_ 우리 시장님의 열정과 준비력도 놀랍지만, 폐막했더니 어느새 미국으로 가셨어요? 그래서 저는 쉬러 가셨나보다 생각했어요. 그런데 그게 아니고 LA에 가셔서 벤치마킹을 하고 오셨더군요. 결국은 정원박람회의 최종 목표가 한국형 디즈니랜드를 만드는 데 있는 것처럼 미리 벤치마킹 계획도 해놓으신 것 같고요. 그러면 이번에 미국에 가신 이유와 미국에서의 성과는 어떠셨나요?

노관규_ 당연하게 계획되어 있었죠. 왜냐하면 생물 다시 말하면 꽃과 나무와 물 이런 걸 이용해서 우리의 정서에 맞게 보여줄 수 있는 최종 완성품은 이미 올해 천만 명의 대한민국 국민들이 인정해 준 것으로 완성되었다고 생각해요. 근데 왜 이대로 끝나서 안 되냐? 정원이 발달한 영국 등에서도 100년 전의 모습이나 지금의 모습이나 똑같은 걸 보고 많은 사람들이 이렇게 가서는 안 된다고 생각을 해요. 그래서 초스피드로 발달하고 있는 과학기술과 문화예술이 접목되지 않는 과거형의 정원이 도대체 우리한테 줄 수 있는 가치와 행복이 뭐란 말이냐 하는 것이 세계적인 화두거든요? 저는 처음부터 정원박람회를 준비할 때, 아날로그적 요소가 강한 순천만과 국가 정원의 이익 기반 위에 문화 콘텐츠의 촘촘함이 플러스되지 않으면 결국은 우리가 미래의 세대들에게 줄 수 있는 것들이 한계가 있을 수밖에 없을 것이라고 생각했어요.

그러면 이를 보완할 수 있는게 뭐냐? 애니메이션이 있어요. 애니메이션 산업은 우리의 젊은이들과 문화예술을 하는 사람들이 능력이 부족하지는 않을 텐데, 이미 미국이라는 거대한 월트 디즈니를 대표로 하는 시장에서 모두 장악하고 있기 때문에 여기에서 그 꽃을 피우기가 상당히 어려웠거든요? 그러니까 우리 기술로 우리만의 콘텐츠로 전 세계를 휘어잡는 것이 없었다 이 말이죠. 그러면 어떻게 할 거냐? 순천시에 월트 디즈니 본사나 픽사를 만들었던 스티브 잡스 같은 기업가도 없고, 그런 걸 실행해 낼 역량있는 사람도 없다면, 그러면 순천시가 재정을 투입해서 월트 디즈니 같은 역할을 직접 하면서 픽사 같은 스튜디오를 우리가 만들 수밖에 없다 이렇게 생각한 것이죠. 그리고 순천시 전역을 산업 기지화를 해서 애니메이션과 관련된 여러 문화 콘텐츠들로 새롭게 변화시키자고 생각했습니다. 그러면 이거를 오랫동안 해왔던 미국은 지금 어떤 문제에 봉착해 있고, 우리는 어떻게 하면 이걸 뛰어넘을 수 있는지를 직접 가서 보고자 한 거죠.

근데 미국에 있는 월트 디즈니라든가 그다음에 픽사 스튜디오라든가 유니버셜 스튜디오라든가 이런 것들에는 우리와 같은 순천만과 국가 정원 같은 아날로그적인 요소들이 부재했습니다. 결국은 건축물과 그리고 그 관련된 과학기술로 해놓은 여러 가지 시설, 놀이시설이나 먹는 얘기와 굿즈에 대한 이런 거 이외에는 바로 우리들 마음을 근본적으로 즐겁게 해주고 편하게 해줄 아날로그적인 요소는 부재했습니다. 그래서 순천은 아날로그적인 성격이 강한 순천만과 지금 있는 국가 정원 위에 고민하고 있는 애니메이션에 관련된 유사한 문화 콘텐츠들을 자리 잡게 하면 전 세계에서 처음 보는 형태의 뭔가를 만들어서 보여줄 수 있고, 이것이 성장 동력이 될 것이라는 확신을 얻었어요.

그러면서 이번에 느낀 게 뭐냐면, 결국 이걸 창작하는 영역에서 인공지능이 굉장히 중요한 역할을 할 수밖에 없다는 생각이 들었어요. UCLA에서 느낀 것들이 창작 영역에는 AI가 못 들어올 줄 알았는데 이것들이 어떤 부분에서는 훨씬 더 월등하게 능가하는 것을 보여주고 있기 때문에 결국 미국도 부랴부랴 한쪽에서는 무서워하면서도 준비하고 있는 것을 느꼈어요. 그래서 우리는 이왕 이런 것들을 보고 왔으

세계 최대의 영화 촬영 스튜디오이자 테마파크인 유니버설 스튜디오를 찾았다

UCLA 방문
미국내에서 가장 유명하고 오래된 문화예술 고등 교육기관으로 에니메이션 분야에서 특히 두각을 나타내고 있다

픽사 스튜디오 방문
창의성으로 대표되는 픽사를 키워낸 잡스와 같은 폭넓은 리더십을 발휘해 법과 제도가 뒷받침될 수 있는 환경을 조성하겠다는 의지를 다졌다

니, 우리의 문화 감수성이 풍부한 여기에다 이 AI를 이용해서 단숨에 우리가 우리만의 정원을 창조해 냈듯, 전혀 다른 새로운 문화와 전혀 다른 새로운 정원을 창조하겠다는 것이 우리의 구상이에요.

문_ 실로 놀라운 구상인데요. 이쪽에 전문성이 없는 분들은 좀 이상주의적으로 보일 수 있을 것도 같아요. 제가 이해하기에는 미국에 있는 디즈니랜드나 이런 데 없는 순천이 가지고 있는 아날로그 요소를 최대한 활용하고, 그다음에 대한민국 K-한류로 대표되는 애니메이션, 웹툰 혹은 메타버스와 AI를 접목시키겠다, 그래서 한국형 새로운 문화를 만들겠다 이렇게 이해가 되는데요, 이번에 미국 가서 성과나 배울 점, 그리고 미국에는 없는 것들을 이야기하셨지만 우리의 가능성도 충분히 느끼고 오셨나요?

노관규_ 네, 충분하더군요. 왜냐하면 우선 미국에서 가장 충격적으로 느껴진 것이 왜 미국이 세계 초강대국이 되고, 소위 창작의 영역이 뛰어나는가를 '구조와 일하는 방식'에서 느꼈어요. 우리는 일반적으로 회사가 차려지고 이러면, 가장 중요한 사람들이 지시하고, 다시 그걸 빠릿빠릿하게 수행하고 영리하게 처리하는 사람을 중용하는 그런 게 있어요. 근데 미국은 어떻게 되냐? 어떠한 콘텐츠에 대해서 누가 관심을 가지고 있으면 거기에 구성원들이 이 사람이 하고 있는 것에 대해 창의력이 극대화될 수 있도록 전부 도와주고 있어요. 시스템적으로 말이지요. 그리고 건물 구조부터 그렇게 만드는 거예요. 스티브 잡스가 만들었던 픽사가 그렇게 돼 있어요.

미국에서 가장 충격적으로 느껴진 것이 왜 미국이 세계 초강대국이 되고, 소위 창작의 영역이 뛰어나는가를 '구조와 일하는 방식'에서 느꼈어요.

우리는 대체적으로 누가 하고 있는 일을 옆에서 보면 "야, 니 일이나 잘해" 이러는데 여기는 그게 아니고, 이거는 이렇게 하면 더 잘될 것 같다고 하면, "아 그래요? 고마워요. 근데 그것도 있지만 이것도 더 생각해 보면 더 좋을 것 같은데" 하는 선순환 구조로 돼 있다는 거예요. 일을 중심 놓고, 대신에 다들 이렇게 해 줘가지고 이런 결과물이 나왔다, 시연을 해보자, 여기에 대해서는 아주 면도날 같은 비판들을 서로 하는 거예요. 완성품을 퀄리티있게 만들어 내기 위해서. 이거는 완전히 구조가 다른 거예요.

그러니까 우리가 얘기하는 복융합이 일상적으로 일어날 수 있도록 만들어진 구조가 바로 픽사하고 미국의 문화에 있어요. 이거는 수직적인 사회에서는 감당할 수 없는 거죠. 왜냐? 우리는 예컨대 우리가 뭘 만들어 봅시다 그러면 그걸 중심으로 해서 당신이 책임자요, 그리고 구성원은 이렇게 되고, 언제까지 이걸 완성해 이런 식이란 말이에요.

근데 거기는 그렇지 않거든요. 내가 이러이러한 것을 해보고 싶습니다 라고 하면, 오 좋습니다 하면서 옆에 있는 구성원들이 쉬는 시간이 됐든 간단한 식사 시간이 됐든 다 모여서 정말 좋은 생각이네요, 근데 그걸 하려고 하면 이런 생각도 한번 해보십시오, 이런 면도 생각해 보십시오 이렇게 서로 유기적으로 일을 한다는 거예요. 이게 우리하고는 완전히 다른 거죠.

순천형 거버넌스, 삼합(三合)비밀

문_ 네 여기서요 시장님, 그러니까 결국 미국에서 배울 점은 융복합적인 시스템에 따른 창의성의 극대화였다 이렇게 정말 멋진 용어가 나왔는데, 이거를 제가 아는 한 시장님이 많은 인터뷰에서 이번에 정원박람회를 시연하는데, 소위 삼합이라는 체제의 효과를 극대화하기 참 많이 애쓰신 걸로 알고 있는데요?

삼합의 콜라보레이션. 실력있는 리더는 지역이 나아갈 방향을 제시하고, 지혜로운 공직자는 행동으로 보여주며 품격있는 시민은 높은 눈높이로 도시변화를 이끌어 갑니다.

노관규_ 어떻게 해야 되냐면, 우리가 근본적으로 지금 시스템에서 의사를 결정할 수 있는 사람을 뽑게 된단 말이에요. 이 사람이 누구냐 하면 시장이고 군수고 이런 사람들 아니에요? 지금 세계가 다른 나라도 마찬가지지만 대한민국을 예로 들면, 시장 군수 이런 사람들이 이제 정치 집단이죠. 이 사람들이 의사결정을 할 수 있는 소위 공약도 내고 그다음에 아이디어도 내고 이런 사람들이란 말이에요. 이 사람들의 선택권은 누구에게 달려 있느냐? 대한민국은 사실 당에 달려 있어요. 국민에 달려 있다고 말은 하지만, 지역에 따라서 어느 당에서 공천받느냐에 크게 좌지우지 되고 있어요.

　민주주의 원리가 제대로 작동했다고 보고, 시대가 어떻게 흘러가는지 그리고 또 뭐를 준비해야 되는지를 잘 아는 사람이 뽑혔다고 칩시다. 근데 이 사람이 이걸 현실로 옮기려고 하면 이 사람 선거 때 도와준 사람이나 또는 이 사람 가족들이 와서 직접 일할 수는 없단 말이에요. 그럼 누가 하느냐, 결국은 공무원들이 할 수밖에 없거든요. 결국은 이 공무원들이 실력이 뛰어나야 되거든요? 사명감이 있어야 하고 적극적이어야 하고. 생각을 실현시켜주는 사람들이니까 말이죠. 근데 이렇게만 한다고 되느냐? 안 된다는 거에요. 우리 정원박람회를 예로 든다면, 시장이 도로를 정원으로 만들어야 한다라고 했어요. 자, 그럼 이렇게 하면 될 것 같습니다라고 공무원들이 얘기를 했어요. 문제는 뭐냐? 도로를 계속해서 익숙하게 사용했던 사람들이 이곳을 정원으로 만들어 가자고 양보해 주고, 오케이를 해줘야만 가능하단 말이에요. '자동차가 주는 편리함 대신에 여기다가 정원을 만들어서 누리는 행복이 더 크다! 그러니까 해야된다!'라고 결정할 수 있어야 한다는 것이죠. 그러니까 생각의 높이와 눈높이가 높아진 사람들이 있어야 된다는 거예요. 바로 품격이죠. 생각의 깊이가 남다른 시민들이 있어야 되거든요. 현명한 시민들이 있어야 돼요. 이분들이 있어야지만 최소한의 충분 조건이 완성이 되는 거예요.

　이게 제일 중요한 제가 늘 얘기했던 '삼합'이라는 겁니다. 이것이 맞아떨어져야 지역이 바뀌든가, 조직이 바뀌든가 하는 것입니다.

문_ 그 삼합은 전라도의 맛있는 음식인 삼합하고 좀 연결된 개념인가요?

노관규_ 세 주체다 보니까(웃음). 결국 삼합이 이합이 되면 홍어가 됐든 뭐가 됐든 제대로 된 맛이 안 나니까, 삼합이 되어야만 제대로 된 효과를 볼 수 있는 거죠. 그렇다면 모든 것이 다 잘 갖춰졌다 그러면 결국은 이걸 현실적으로 옮겨주는 이들을 어떻게 일하게 할 것인가가 대단히 중요한 요소 아니에요?

보통 우리나라가 일하는 방식은 뭐냐 그러면은 이 시장 군수들이 일 제일 잘하는 사람들을 뽑아서 집단을 만들어 주는 것이거든요. 우리는 그러지 않았다는 거예요. 어떻게 했느냐? 현실로 옮겨주는 공무원 집단의 가장 책임자로 한 사람만 선발을 하는 거예요. 국장급 한 사람을. 그리고 이분에게 어떻게 해주느냐? 당신이 일하고 싶은 사람을 주무관 한 사람까지 모조리 당신이 뽑아라. 당신이 시장이라고 인사권을 넘겨주는 거죠 이 사람한테. 2013년에도 그렇고 2023년에도 그랬단 말이에요. 그렇게 해서 우리 같은 경우는 조직위원회 100명인데, 그중에 시가 파견할 사람 75명을 이 사람이 뽑았어요. 이렇게만 했다고 일이 되느냐, 아니에요. 뽑았다고 저절로 일이 되는 게 아니에요.

공무원들은 자기 직렬에 따라서 행정하는 사람, 토목 하는 사람, 건축하는 사람, 녹지직 무슨 직 무슨 직이 전부 다 형님, 동생 해요. 그러면 "야, 니 일이나 잘해" 하는 게 우리 식이거든요. 근데 기업도 마찬가지예요. 근데 이번에는 국장님한테 부탁한 거죠. 딱 하나. 과장을 중심으로 해서 이 과를 구성을 할 때 한 직렬만 여기다 짜지 말아라, 당신이 선발한 75명을 골고루 포진시켜라. 어떻게? 행정직도 토목직도 건축직도 다 한 과에 있게 해라. 그렇게 해서 일을 할 때 이 안에서는 서로 일을 미룰 수 없도록 해라. 이렇게 되니까 자동적으로 이 과 안에서 융합이 일어나는 거예요 복융합이. 이렇게 제도적으로 짜준 거예요.

근데 이번에 미국에 가서 딱 보니까 대표적으로 픽사 스튜디오가 어떻게 돼 있냐? 모든 건물과 구조들이 이렇게 다 여기에 모이도록 돼 있어요. 차 마시는 데도 여기 있고, 간식 먹는 데도 여기 있고, 대화 나눈 장소도 여기 있고, 방문객 오는 데도 다 여기에 있는 거예요. 매일 시간만 나면 여기서 사람들이 서로 모이는 거예요. 그래서 여기서 뭘 하느냐? 스스로 복융합을 하는 거예요. 왜? 노관규가 여기에서 어떤 생각을 하고 있다가 차 마시면서 얘기하는 게, "나 이런 생각하고 있는데, 어때?" 하면, "아 좋은 생각이야 이런 생각도 해봐, 이런 생각 해봐, 또 이런 생각도 해봐!" 이렇게 한다는 거예요. 그래서 여기는 구조적으로도 이렇게 만날 수밖에 없도록 구조가 돼 있고 일하는 방식도 이렇게 돼 있다는 거예요. 이게 자동적으로 융합이 일어나서 일이 될 수밖에 없는 거예요. 그러면 중심되는 사람이 생각했던 것들의 결과물이 완성도가 어마어마하게 높아질 수밖에 없는 거예요. 이게 여러분 혼자 앉아가지고 "야, 내꺼 보지마. 니 일이나 해" 하는 것하고는 완전히 다르다는 거예요.

노을정원

현명한 사람은 정원으로 간다

문_ 네, 시장님 충분한 설명이었고요. 거기서 시장님이 또 삼합 못지 않게 강조하는 게 지금 이야기하고 계시는 인문학적 소양에 기초한 혁신적 창의성 이게 중요하다고 하시는데, 문제는 시장님은 그런 데 대한 훈련과 나름대로 뭐 이렇게 경험 경륜이 있는데, 그렇지 못한 공무원들이나 시민들한테 그걸 어떻게 잘 작동되게끔 독려하시거나, 혹은 그렇게 해서 성공시켰던 사례가 있는지 궁금합니다.

노관규_ 대단히 중요한 얘기네요. 제가 야인 생활을 할 때 섬진강 인문학교를 같이 해본 적이 있어요. 섬진강가에서 섬진강 인문학교를 또 여기에는 유명하신 교수님들도 오시고 철학자도 오시고 해서 한 1년을 운영을 해봤거든요. 근데 참 어려운 게 우리나라가 어느 순간인가 생각하는 힘이 너무 약해진 거예요. 저는 우리가 선진국이 아닌 굉장히 주요한 이유 중 하나가 뭐냐면 생각을 수입하고 있다는 거예요. 우리는 생각을 수출하는 나라가 아니라는 거예요. 그래서 우리는 선진국의 반열에 아직 오르지 못한 거예요. 아직은.

왜 이렇게 됐을까요? 일하는 방식에는 여러 가지 좋은 방식들이 많지만 결국 사람의 공약이나 아이디어가 어디서 나와야 되느냐? 생각의 높이에서 나와야 되는 것이거든요. 왜? 정원이라는 걸 만들려고 그러면 1번으로 해야될 게 뭐냐? 1번이 인문적 지식과 철학적인 눈높이가 높아야 되는 거예요. 생각의 높이가. 이거는 어느 날 하루아침에 생기지 않아요. 굉장히 많은 독서와 사고를 해야하는 거예요. 독서와 사고. 시간이 필요해요. 그래서 근본적으로 우리가 지금 애니메이션 이쪽으로 가려고 그러는데, 제일 중요한 게 일반적으로 얘기하는 스토리텔링들이 필요한 것이 아니라 이런 수준 높은 상상력을 발휘할 수 있는 사람들을 길러내는 게 중요한 거예요. 그러면 이 구조는 어떻게 되느냐? 건물만 만들어 놓는 것이 아니라 이들이 이런 사고가 생길 수 있는 외부적인 여건들을 갖추는 게 굉장히 중요해요. 산책을 할 수 있는 코스를 굉장히 길게 만든다거나 아니면 혼자 여러 가지를 생각할 수 있는 코스를 만들어야 해요. 이런 게 미국의 픽사가 그렇게 잘 돼있어요. 놀라운 게 그거예요.

인도의 시성(詩聖) 타고르가 이렇게 말했어요. "어리석은 사람은 서두르고 영리한 사람은 기다리지만 현명한 사람은 정원으로 간다"고 그랬거든요. 정원으로 왜 가느냐? 이것 때문에 하는 거예요. 생각하러. 그래서 요 정원에서 우리는 무언가를 앞으로 펼쳐줘야 돼요. 무엇을? 바로 인문적 지식과 철학적 눈높이를 높일 수 있는 뭔가를 앞으로 해야 된다는 거예요.

지금 이게 굉장히 중요합니다. 이제까지 했던 평생학습처럼 그냥 소양을 높이는 식이 아니라 이런 것들을 해야 하는데, 시민 모두가 어렵다 그러면 공무원들과 여기에서 일할 사람들이라도 이런 기회를 계속 만들어줘야 한다는 생각이 들어요. 그래서 우리가 앞으로 가야될 게 뭐냐? 바로 인문학과 철학에 대한 창의력을 드높일 수 있는 아카데미를 새롭게 새로운 방식으로 만들어야 하는 거 아닌가 하는 생각을 이번에 미국 가서 더 절실하게 느끼고 왔어요.

어떤 것들이 선행되지 않으면 우리가 지금 하려고하는 아날로그적인 성격이 강한 정원에다가 애니메이션 등 새로운 것들을 플러스시키는 일의 완성도가 굉장히 떨어질 것 아니에요?

비밀의 정원에 숨겨진 비밀코드

문_ 어디서도 듣기 어려운 우리 시장님만의 어떤 인문학적인 경험과 철학적인 고뇌를 이야기해 주셨는데, 제일 중요한 질문 좀 드릴게요. 많은 언론에서 인터뷰를 할 때 노작가님, 노시인님 이렇게 하면, 또 우리 시장님은 겸손하게 '아이고' 하시는데, 지금은 절판된 걸로 알고 있습니다만, 자서전을 보면 어린 시절 정말 힘들게 생활하시다가 검사 생활도 하시고, 그전에는 세무공무원을 하시다가 시장으로 오면서 좌절 겪는 이런 개인사적인 경험들도 있더군요. 또 시장님은 절대 그 이야기를 잘 안 하시는데, 제가 궁금해서 주변 사람들을 통해 물어본 바에 의하면 장애인 아들을 둔 아픔, 또 지리산에 가서 아들의 건강을 위해 힐링을 선물했던 이런 여러 경험들이 이번에 정원박람회를 두 번째로 구상하시면서 인간, 생명, 환경 등에 대한 문제의식으로 많이 녹아있다는 생각이 듭니다. 어떠신가요?

노관규_ 이런 질문을 해주시니 정말 감사합니다. 인간이라는 게 그렇잖아요? 어떤 결과를 만들어 내는 것 중에 중요한 것들이 뭐냐 하면 지식에 의해서 만들어질 수도 있거든요. 공부를 많이 해가지고 이렇게 해서 지혜가 생길 수도 있어요. 어떤 것들은 자기만의 독특한 경험에 의해서 생길 수도 있습니다. 근데 이 지식은 형이상학적이고 교과서적일 때가 많아요. 그런데 이렇게 경험에 의해서 만들어진 지혜라는 것은 정말로 우리한테 필요한 것들이거든요. 저는 솔직히 아픈 아들이 있어요. 지금은 뇌출혈로 쓰러져서 말도 못하고, 몸도 못 움직이고, 그렇거든요. 그리고 일주일에 세 번씩 투석도 하고 그러는데 그래도 의식이 돌아와서 말은 못하지만, 눈으로 대화하고, 소리라도 내고, 듣지 못하는 손이지만 손가락으로라도 이렇게 잡아주고 이런 게 너무 감사하다고 생각해요.

저는 아들이 어려서 아프면서 늘 생각했던 것 중에 하나가 바로 '공간'에 대한 고민이었습니다. 공간, 이게 우리가 잊고 사는데 요즘에 건축하는 사람들이 제일 중요시 하는 게 공간이예요. 왜냐? 실질적으로 페스트가 유럽에 유행했을 때 그 지도자들이 제일 고민했던 게 뭐냐하면 바로 이 문제였습니다. 돈이 있고 지위가 높은 사람들은 가장 공기 좋은데, 가장 안전한 데로 갈 수 있지만 대부분의 사람들은 먹고 살아야 되니까 병에 걸린 줄 알지만 바로 그 불리한 여건에서 부대끼고 살

앉거든요. 그래서 저 또한 아픈 아들이 있다가 보니까 어떤 공간에 사람이 있어야만 가장 건강하고 행복할 것인가를 당연히 고민하게 된 거예요.

근데 이 공간은 인간만을 위한 공간이 아니라는 거예요. 절대적으로. 왜냐? 우리도 자연의 일부분이잖아요. 우리도 자연의 부속품 중 하나잖아요. 그런데 우리가 도시에서만 살다 보니까 어쩌다 한번 구경이나 좀 하자고, 잊을 만하면 한 번씩 자연을 찾는 거예요. 우리가 자연 속의 구성원인데. 그래서 아픈 아들을 데리고 결국은 고향으로 돌아오면서 제가 고민했던 게 그거예요. 어디 가서 이 아들을 치유할 수 있는 기운을 얻게 할 것인가가 가장 큰 고민이었거든요. 그런 것들이 굉장히 자연을 보는, 공간을 보는 눈들을 길러지게 한 거죠. 저는 이걸 '생태'라고 얘기를 하거든요. 환경하고 전혀 다릅니다. 왜 환경이라 안 하고 생태라고 했냐면요..

문_ 아, 그게 또 확연히 다릅니까? 일반적으로는 그냥 같이 쓰잖아요? 생태 환경 이렇게.

노관규_ 완전히 달라요. 환경은 공해에 대립되는 아주 작은 개념이에요. 근데 생태는 뭐냐, 인간의 삶의 조건이 되는 것들을 얘기하는 겁니다. 생태에 왜 '태'를 썼냐면, 인간의 생명이 잉태되는 가장 중요한 게 어머니의 태거든요. 이게 태에요. 가장 소중한 거예요. 따라서 이것을 확장하는 동물, 식물, 모든 것들이 존재하는 이 생태가 제일 중요한 겁니다. 그러니까 이 개념은 하늘과 땅 차이입니다. 생태계를 어떻게 보고 어떻게 이해하느냐가 우리 아들을 조금 더 좋은 데서 치유 능력이 생기게 할 것인가와 연결되기에 당연히 중요할 수밖에 없거든요. 그래서 순천만에 와봤어요. 너무너무 멋져요. 비록 일부 음식점하고 여러 가지로 난잡한 것들이 있었지만, 그래도 그 기본적인 생태의 원형이 그대로 남아 있었어요.

근데 여기에 뭐가 오느냐? 바로 우리하고 똑같은 공간에 살고 있는 새들이 날아와요. 새들이 날아온단 말이에요. 근데 아시다시피 순천만으로 날아오는 새들 중에 굉장한 희귀 철새들이 많은데, 이 중에서도 특히 흑두루미가 날아와요. 그 당시에 전 세계적으로 흑두루미가 9,500마리 정도밖에 안 남아 있었거든요. 근데 제가 시장이 되니까 순천만에 167마리가 왔어요. 167마리가. 근데 이들을 위해서 어떠한 조치들도 안 하고 있는 거예요. 우연한 기회에 일본도 갔다 오면서 167마리 흑두루미를 위해서 논에 있는 전봇대 282개를 뽑았어요. 왜? 흑두루미 크기가 워낙 크기 때문에 전봇대에 날개가 걸려 죽는 새들이 조류독감으로 죽는 새보다 더 많다는 거에요. 이거는 인간들이 원래 자연의 일부였던 것을 개발하고 간척해 자기들한테 최대한으로 이익되기 위해 전봇대들을 거기다가 심고 전기를 이용해서 농사를 지었던 것이거든요. 그런데 이러다 보니까 어떻게 돼 있습니까? 우리하고 같이 살아야 되는 환경이 점점 더 줄어졌을 거 아닙니까? 생태적인 조건들이. 게다가 저는 지금 아들을 데리고 이들과 어울리면서, 소위 '치유 동력'을 얻으려고 이곳에 왔단 말이에요. 그래서 전봇대 282개를 뽑았어요. 그다음에 더 말할 것도 없이 놀라운 일이 벌어진 거예요. 지금은 현재까지 순천만에 흑두루미가 몇 마리가 와 있냐? 무려 7,500마리가 와 있어요. 전 세계적인 멸종위기종 흑두루미들의 50%가 순천만에 오는 거예요. 이게 그렇게 해서 지금의 순천만이 이렇게 보존될 수 있었던 거예요.

정원박람회를 만들 때도 그냥 만든 게 아니라 이번에 만들면서 굉장히 중요한 것 중 하나가 어싱 로드가 있거든요. 어싱길. 사람들은 이걸 그냥 세계에서 유행이니까 그러는데, 아니에요. 전국적으로 맨발 걷기가 유행하기 전에 우리가 먼저 만들었어요. 유행하기 전에 사람들이 너무 안 걸어가지고 제가 보건소하고 같이 이벤트를 했다니까요. 사람들 제발 좀 오라고.

문_ 그게 몇 년쯤으로 기억하세요?

노관규_ 지금부터 12년 전에 순천만에서 제일 먼저 만들었어요. 그랬는데 아무도 이용을 하지 않아서 칡넝쿨로 다 덮여 있었던 거예요.

문_ 그러면 대한민국에서 최초로 지자체에서 어싱 로드를 시도한 곳이 바로 순천이군요.

노관규_ 네, 순천입니다. 제가 가보니까 다 갈대로 덮여 있는 거예요. 근데 이번에 또 왜 조성 했느냐? 이 넓은 정원박람회장에 장애인은 얼마나 오고 싶을 것이며, 아이를 데리고 있는 유모차를 끌고 엄마들은 얼마나 오고 싶을 것이며, 또 노인들은 보행기를 끌고 여기를 얼마나 오고 싶을 것인가? 그럼 어떻게 해야 될 것인가? 장애물을 다 없애야 한다. 그리고 잔디를 심어놨는데 잔디 위는 이게 굴러가기 어려우니까 흙길을 만들어 주는 게 좋다. 그리고 건강한 사람들은 여기를 맨발로 걷도록 하는 게 좋다. 이 모든 것들을 위해서 우리가 13.5km에 모든 정원이 다 연결되게 하고 순천만까지 다 어싱 로드를 만든 거예요. 근데 이것도 만약 우리 아들이 안 아팠으면 내가 이런 생각을 할 수 있었을까 생각해 보면, 내가 볼 때는 아마 힘들었을 것 같아요.

문_ 그것은 중증 장애인을 둔 아빠의 눈물 어린 고민이 아니고서는 보여 지지가 않는 거죠.

노관규_ 그리고 우리 아들을 제가 어떻게든 해보려고 대체의학에 관련된 많은 책들을 읽다가 먹는 것과 함께 생활 습관까지 바꿔보려고 애를 많이 썼어요. 그래서 지리산을 한겨울에 지리산을 맨발로 가기 싫어하는 아들을 데리고 갔어요. 아들이 발을 다쳐서 피가 흐르고 그러는데, 지금 생각해도 가슴 아파요. 저렇게 쓰러질 거였다면 그거 안 시킬걸 그랬다 그런 생각을 하거든요.

문_ 피까지 나요?

노관규_ 네. 왜냐면 한겨울에 꽁꽁 언 데를 맨발로 걸으니까요. 그래서 우리 아들 발을 볼 때마다 너무 미안한 거예요. 이렇게 쓰러질 것 같으면 그때 그런 거 안 했어도 됐는데. 근데 이런 생각들이 하나둘씩 쌓여서 어떻게 되냐? 이런 시설을 하나 조성 하더라도 건강한 사람, 건강하지 않는 사람, 도움이 필요한 사람까지 다 고려해서 시설을 만들게 되는 거예요. 그냥 만드는 것이 아니라 이렇게 구체적으로 하게 되는 겁니다. 그리고 또 하나는 우리가 개울길이 있어요.

문_ 개울길이요?

노관규_ 우리 정원 안에 개울길이 있거든요.

문_ 개울길은 제가 좀 취재해 보니까 개울길 만들 때 현장에 가서서 개울물 소리가 뭐 데시벨이 어느 정도여야 돼야 하니, 마니 가지고 엄청 체크하셨다던데 맞나요?

노관규_ 예 맞아요. 우리 직원들한테 시키니까 왜 시장이 저 얘기를 하는지를 잘 모르는 거예요. 그래서 제가 우리 계곡에서 물 막 세게 흐르는 소리, 폭포수처럼 흐르는 소리, 그 다음에 나뭇잎에 물방울이 굴

 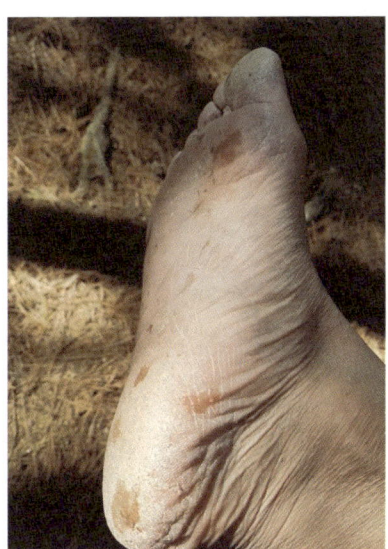

아들 원호와 함께 지리산을 맨발로 걷던 시절

어싱길과 개울길 광장

러 떨어지는 소리, 쪼르롱 퐁당하는 소리, 그 다음에 시냇가에 개울물이 졸졸졸 소리나는 것들을 다 녹음해서 들려준 거예요. 이런 걸 원하는 거다. 왜냐하면 인간은 소리로 많이 치유되는데, 가장 익숙하고 편안한 소리가 어머니 뱃속에서 들었던 소리다. 어머니 심장 뛰는 소리와 함께 어머니 체액들이 흐르는 이 소리다, 이게 소화되고 이런 소리. 거기에 가장 가까우면서 우리를 편안하게 해주는 게 바로 시냇물 흐르는 소리다, 우리는 도시에 살면서 잊어버리고 사는 거다. 그래서 정서적으로 각박해지는 거다.

시골에서 살던 사람들이 정서적으로 훨씬 널널한 이유가 뭐냐? 바로 이거다. 이런 소리를 듣고 자랐기 때문에 그런 거다, 그래서 감성이 더 풍부해지는 거다. 이걸 듣고 자랐기 때문에. 그렇다면 정원에 이거를 구현해 보자고 했죠. 지금 우리 국가 정원 안에 개울물 흐르는 소리가 그냥 만들어진 게 아니에요. 이리 소리가 나려면 물의 단차와 함께 물의 탁도 등 굉장히 여러 가지를 생각해야 해요. 그렇게 해서 저게 만들어진 거예요.

그 다음이 음식이에요. 사람들은 패스트푸드를 많이 만들어서 팔려고 그래요. 근데 그걸 제가 안 했던 게 대신 우리는 가든 스테이라고 했는데요. 여기에 우리 지역에서 나는 식재료를 이용해서 인간들에 해가 되는 첨가물을 치지 않고 가장 최고의 맛을 낼 수 있는 것들을 고민했어요. 이런 것들도 다 경험에 의해서 생긴 거예요. 그냥 된 게 아니에요.

그리고 또 제가 개를 오랫동안 키워왔거든요. 저는 옛날에는 개를 싫어했어요. 근데 우리 아들 때문에 제가 지리산에 한옥을 짓게 됐어요. 집을 알아야 정원을 이해할 수 있어요. 이해됩니까?

문_ 잘 모르겠어요, 저는.

노관규_ 대부분 잘 모르죠. 우리나라에 서양과 같은 정원 문화가 안 생기는 이유는 사실 집 구조 때문에 그래요. 우리나라에서 집을 짓는 제일 중요한 요소가 나무와 흙이에요. 나무와 흙입니다. 근데 거기서 제일 중요한 것이 나무, 바로 그 나무가 소나무입니다. 집을 짓는데 세계에 있는 모든 소나무 중에 가장 질기고 오래 가는 게 한국 소나무입니다. 왜? 송진이 가장 많이 들어 있어요. 잘만 하면 이게 천년을 버티는 겁니다. 우리나라 목수들이 어떻게 하느냐? 멋을 많이 내요. 처마를 길게 빼는 거죠. 이렇게. 그러면 기본적으로 어떻게 되느냐? 안이 어둡게 돼 있어요. 이게 안이 어둡게. 그러니까 여기가 빛이 반사돼서 들어와야 되니까 마당을 비우는 거예요. 이게 빛이 반사돼서 들어와야 되니까. 그래서 우리는 간접 조명을 중심으로 해서 문화가 형성돼 나갔어요.

그 다음에 또 뭐냐 하면, 나무와 흙을 소재로 집을 짓다가 보면 이거는 뭐에 약하죠? 습기에 약해요, 물에 약해. 그러니까 어떻게 해야 되냐 주변이 고실고실해야 되요. 눅눅하고 축축하면 안 되는 거죠. 그러니까 어떻게 해야 되느냐? 되도록이면 집 안에 큰 나무를 심지 않고 물 나오는 요소들은 밖으로 빼서 집을 앞힐 수밖에 없는 거예요. 그래서 우리나라 궁궐이라든가 절이라든가 모든 데가 다 마당이 비어 있는 거예요.

우리가 흥선대원군이 살던 운현궁을 가보면 마당이 다 비어 있잖아요. 그 세도가가 화단을 엄청나게 멋있게 꾸밀 것 같은데 안 꾸며놨단 말이에요. 이게 바로 이런 이유 때문에 그런 거예요. 그래서 물론 여기에 철학적인 깊이가, 성리학적인 요소가 있어서 검소한 것을 일부 주장한 것도 있지만, 결국 우리가 사는 모습 때문에 우리는 정원에 사실은 좀 익숙하지 않은 그런 문화권에 살았던 거예요. 그러니까 이걸 이해해야지만 정원을 이해할 수 있거든요. 아무렇게나 하는 게 아니거든요.

근데 어떻게 됐어요? 우리가 지금 서양식으로 백 한 오십 년을 산 거예요. 머리도 서양식, 옷도 서양식, 집도 서양식, 서양식 음식도 많이 먹고, 사는 것도 그러다 보니까 어떻게 되느냐? 바로 정원이 필요하게 된 거예요, 지금. 그럼 이걸 어떻게 할 것이냐? 지금까지는 서양에 있던 것을 베끼라 그랬어요. 우리도 2013년에 서양에 있던 걸 다 베껴온 거예요. 왜? 정원의 문화가 없었기 때문에. 근데 이번에 우리 정원은 어떻게 했느냐? 우리 생각과 우리의 정서에 맞게 창조한 정원이에요 최초로. 이게 더 중요한 거예요.

그리고 제가 이걸 하면서 제일 큰 고민이 뭐였냐? 요즘 반려견을 다 집집마다 많이 키우거든요. 한옥에 살면서 이 한옥을 지키는데 제일 잘 어울리는 짐승이 뭐냐? 그러면 개예요. 제가 진돗개를 두 마리를 키워봤어요. 이름은 장군이하고 만복이였는데 지리산에 사니까 장군봉의 이름을 따서 수캐는 장군이, 그리고 암캐는 바로 만복대의 이름을 따서 만복이였거든요. 이 애들을 키우면서 한 18년 정도 살다가 죽었거든요. 우리 아들이 쓰러져서 병원에 있는데 이 개들이 죽었어요. 그 소식을 들었는데 너무너무 가슴이 아파 눈물 났어요. 진짜로.

문_ 그때 아들이 어디 있었나요?

노관규_ 세브란스 병원에 쓰러져서 지금 말도 못하고 누워 있는데 그 소식을 들은 거예요. 누구한테 집에 좀 가보라고 그랬더니 개가 죽어 있다는 거예요. 얘들이 주인을 얼마나 기다렸겠어요. 근데 우리가 동물에 대해 단순히 나한테 기쁨을 준다 이렇게만 생각하면 안 돼요. 그런 것을 굉장히 넘어선 거예요. 그래서 저는 아들이 아프면서 굉장히 중시하는 게 뭐냐 하면 생명에 대한 소중함을 더 많이 느낀 거예요.

그리고 우리 어머님이 지금은 돌아가셨지만, 우리 어머님이 시골에서 농사짓는 걸 내가 봤거든요. 우리가 찢어지게 가난하니까 외갓집에

논을 한, 두 마지기를 이렇게 빌려서 이제 한 거예요. 근데 새벽에 나가시면 물이 그 귀하던 시절에 우리 논에만 물을 다 대지 않아요. 적당한 물이 되면 딱 물꼬를 터요. 밑에 물로 가게. 이건 누가 시켜서 하는 게 아니에요.

그리고 어머님하고 같이 산에 나무를 하러 가봐요. 나무가 무더기로 이렇게 나 있으면 보통 사람들이 이걸 싹 베어서 가져오고 그러거든요. 근데 우리 어머니는 꼭 한 그루를 남겨놔요, 다 안 베고.

문_ 그 철학이네요.

노관규_ 왜냐하면 이놈이 하나가 이렇게 크고 있어야지, 또 이렇게 만든다는 거예요. 이게 아무것도 아닌 교육 같지만, 굉장히 큰 교육이에요. 우리 어머니한테 배운 이런 것들이. 근데 어쨌든 간에 그렇게 해가면서 이렇게 개를 키워보면서 제가 너무너무 놀란 거예요. 이거는 단순하게 우리하고 있는 소위 이름하여 반려견이라는데 그걸 넘어서 진정한 가족이구나 그래요. 얼마나 주인들을 그리워하고 반가워하고 이런 걸 보면 우리보다 더 나아요. 대화하고 행동으로 하는 언어잖아요, 이런 것들이. 그래서 제가 여기 있으면서 아들이 쓰러지고 집에도 여러 가지가 우울하고 그래서 우리 둘째 아들이 조그만 개를 한 마리 키우자 그래요. 근데 우선 환자가 있으니까, 개털도 날리고 세균이 옮지 않겠냐 이런저런 얘기들이 있어요. 과감하게 내가 개를 키워본 경험으로, 그래 우리가 한 마리를 데리고 살아보자 했는데, 우리 집의 우울할 수밖에 없는 분위기를 얘가 싹 다 바꿔 놔요, 조그만 말티즈 한 마리가. 근데 제일 중요한 게 얘를 데리고 나갈 데가 없는 거예요.

문_ 왜요?

노관규_ 사방 천지가 다 차만 우선으로 돼 있고, 사람만 우선으로 돼 있어서 마음 놓고 산책할 수 있는 데가 한군데도 없는 거예요. 그래서 유럽에 나가서 제일 부러운 게 뭐냐? 가족들이 개 데리고 산책 나오는 거예요. 너무나 평화롭게 보이고 행복하게 보이는 거예요. 그러면 우리가 새롭게 시민들을 위한 공간을 만들면 이걸 어떻게 하는 게 좋겠냐? 개를 좋아하는 사람도 있고 싫어하는 사람도 있는데. 그래서 우선은 정원 전체 내부에는 개를 데리고 못 가고, 대신에 데리고 온 개를 우리 전문가들이 서너 시간을 놀이터에서 놀아주자 이거에요. 두 번째는 시민들의 공간에는 개를 데리고 들어갈 수 있도록 하자, 시민들만 사용하는 공간에는. 근데 이것도 어마어마하게 또 동물을 싫어하는 사람이 있어요.

문_ 잠깐만요. 제가 정원박람회 초반에 너무 좋아서 4번이나 왔는데 그때 격론이 벌어졌더라구요, 반려견을 위한 공간 때문에. 시민들 사이에 심지어는 공무원들까지 이 중요한 정원박람회 공간에 반려견들

이 변을 본다, 똥 싸고, 오줌 싸고, 지저분하다. 이거를 없애라, 마라 해 가지고, 어떻게 보면 진짜 정원박람회의 성패를 좌우한다고 할 수 있을 정도로 뜨거운 논란이 됐는데 그걸 어떻게 푸셨어요?

노관규_ 결국은 타협했어요. 왜냐하면 우리 순천도 네 가구 중에 한 가구가 반려견을 키우는데 두 가지 주의는 주자. 하나는 변 치우고 큰 개들을 함부로 줄 놔서 할 수 없도록 개 가진 사람들한테 홍보도 하고. 두 번째는 퇴직 공무원들로 하여금 규정을 어겼을 때 제대로 다시 할 수 있도록 해주면서 시민들이 개가 없이 또 즐길 수 있는 공간을 절반 드리자. 절반은 개와 함께 마음대로 다닐 수 있게 하고, 절반은 개를 싫어하는 사람들을 위해서 이걸 모두가 누릴 수 있도록 하게 하자라고 했거든요.

그런데 지금도 논쟁거리예요. 왜? 변을 이제 아무 데나 보게 하는 사람은 거의 없어졌어요. 문제는 소변이에요. 이 잔디에 소변을 보면 개 오줌이 암모니아가 쎄잖아요. 이게 잔디가 죽어요. 앞으로 다시 재개장할 때는 시민들에게 "조그마한 페트병에다 수돗물을 좀 담아오세요, 변 봉투만 가져오지 말고. 그래서 오줌 싸면 거기다 그걸 그대로 부어 주십시오", 그러면 공존이 가능할 것 같아요. 그런데 시민들께서 너무너무 행복해해요. 왜냐하면 여기만 만드는 게 아니고...

문_ 그것을 시민들이 많이 따라주셨어요?

노관규_ 네, 그리고 순천만에는 어떻게 되냐 하면 아예 주민들하고 그냥 뛰고 훈련하고 놀 수 있도록 큰 개까지요. 거기는 또 다른 형태의 반려견과 어울릴 수 있는 공간을 만들어줬어요, 주차장 옆에다가. 그러니까 순천을 반려견하고 가장 어울리기 좋은 도시로 만든 거죠. 되게 행복해해요.

문_ 그러면 시장님, 지금까지의 이야기를 1부로 칠 때 정리해 보면, 정원박람회의 성패는 '시장과 공무원과 시민의 삼합 체제라는 시스템이 작동했다' 그리고 여기서 제일 중요한 것은 창의성인데 '이 창의성이 마음껏 발휘되도록 도왔다', 또 다른 이면에는 '개인적으로 경험했던 인문학적인 어떤 고민, 고뇌들 또 개인사적인 아픔들이 녹아서, 또 시민 또한 가족이기 때문에 장애인뿐만 아니라 사회적인 약자, 일반 시민들 모두가 귀중한 생태 환경 속에서 익숙하게 만나는 순천만정원을 만들기 위해서 어싱길이고 개울길이고 또 반려견을 위한 공간을 만들었다' 이렇게 정리되면 맞는 건가요?

노관규_ 그렇죠. 그리고 우리가 '키즈가든'이나 '노을정원'에 이름 붙인 것들도, 아이들을 키우는 사람들이 잔디밭에서 아이들하고 마음대로 뛰어노는 것을 바라기 때문에 그런 것까지를 다 고려해서 이름을 붙인 거예요. 몸이 좀 불편한 분들이 오더라도 건강한 애들이 오더라도, 넘어져도 다치지 않고 다시 일어설 수 있게 이런 요소들을 거기에다 앉힌 거죠.

예산확보를 위한 치밀한 전략

문_ 그리고 또 하나는요, 고양꽃박람회라고 하면 고양시의 국제 꽃박람회가 그래도 상당히 많이 알려져 있어요. 순천만정원박람회 뜨기 전이나 또 그 이후에도 한동안 그랬죠. 근데 거기만 해도 1년에 예산이 한 50억에서 100억밖에 안 돼요. 그런데 이 순천 정원박람회는 10년 만에 개최됐다고 하지만, 제가 듣기로는 무려 한 2천억 예산의 확보를 했다고 하는데, 이게 기초자치단체에서는 거의 불가능한 일이죠. 그런데 어떻게 이게 가능했던 건가요? 언론을 좀 보니까 결국은 윤석열 대통령과의 개인적인 친분 혹은 또 시장님이 맺고 있는 다양한 네트워크가 열쇠였다고 이야기를 하던데, 시장님 경력을 봐도 세무사, 또 뭐 잘 나가는 검사(웃음) 거기다가 또 4번이 아니라 다섯 번 떨어지셨더군요, 국회의원을.

노관규_ 아, 하나는 빼요. 무소속은.

문_ 그런 경험들이 있는데 그렇게 기초 지자체에서 많은 예산을 따낸 비결과 네트워크가 사실 이번 성공의 큰 요인 아닌가요? 설명을 좀 해 주시죠.

노관규_ 그렇죠. 우리가 그렇잖아요. 이게 한정된 예산을 어떻게 쓸 것인가는 단체장의 지혜와 역량에 달려 있는 거 아니겠어요. 대체로 우리가 순천을 이해할 때 굉장히 중요하게 봐야 할 게 이런 겁니다. 정원이 굉장히 넓잖아요. 여기에 굉장히 많은 요소들이 있거든요. 그런데 한 부처에다가 이 예산을 다 달라고 그러면 어떻게 주겠어요? 안 줍니다. 우리는 그림을 그려놔요. 도시 숲을 만들 때는 산림청, 여기에 도로가 필요하면 국토교통부, 보행로를 만들 때는 행정안전부, 그 다음에 여기에 순천만 습지하고 관련된다 그러면 이거는 환경부 또는 문화체육관광부 이렇게 다 나눕니다. 우리가 그래서 여기 부처를 다 가서 개별적으로 전부 설득하는 겁니다.

그런데 거기에서는 예산을 한정해서 줬지만, 우리가 이걸 가져와서 딱 한 군데 다 모으면 정원이 되는 거죠. 그런데 대체로 선거를 하게 되면 지자체장들이나 정치하는 분들이 동쪽에도 표가 있고, 서쪽에도 표가 있고, 남쪽에도 표가 있고 하기 때문에 다 찢어서 이렇게 하거든요. 이렇게 되면 시너지 효과가 생기지 않습니다. 그래서 우리는 이거를 한 군데 다 모아서 위에서 조금씩 조금씩 주는 예산들, 마치 100억짜리를 4개 부서에서 가져왔으면 이거를 다 모으면 400억인데, 동쪽에도 100억, 서쪽에서 100억, 남쪽에도 100억, 북쪽에도 100억 하면 아무 효과가 없거든요. 이 돈을 한 군데 다 모아서 400억을 쓰면 굉장히 큰 효과가 생기는 겁니다. 이런 식으로 하나의 전략을 구사했고요.

두 번째는, 지역에서 우리가 쓸 수 있는 여러 가지 돈을 어디다 쓸 거냐? 우리 같은 중소도시가 어떤 도시로 변화돼야지만 경쟁력이 있겠느냐를 고민한 다음에 일을 합니다. 우리가 작년까지는 어땠습니까? 코로나 때문에 난리였잖아요. 그러니까 재난 지원금을 주느니 마느니 이런 것들이 굉장히 중요했어요. 2013년에도 그때는 시청사를 새로 짓느냐 마느냐를 우리가 같이 고민을 해보다가, 왜 중앙부처에서 봤을 때, 60년대에 지었던 시청사라고 해서 지방채 발행해서 새로 짓는게 순천이 변화됐다고 생각하겠냐? 아니면 이 돈을 아껴서 정원박람회를 하는 게 지역이 바뀌었다고 보겠냐? 했더니 모든 직원들 의견이 내가 생각했던 대로 "정원박람회를 해야 됩니다" 그랬어요. 그래서 그때 여기다 투입을 했거든요.

문_ 그 내용은 저는 처음 듣는데, 대외적으로 많이 알려진 내용이 아닌가 봅니다.

노관규_ 아니요, 잘 알려진 내용입니다. 사실은 2023년에는 어떻게 했느냐? 코로나 팬데믹이 끝나고 재난 지원금을 줄 거냐 말 거냐가 작년 선거의 쟁점이었어요. 저는 재난 지원금 공약 안 했어요. 왜냐하면 상대 후보는 1인당 100만 원을 준다고 공약했는데, 제가 시장을 해본 경험으로는 그렇게 줄 수도 없거든요. 그리고 시장 당선이 돼서 와서 제일 먼저 봤던 게 예산 상황을 제가 살펴보게 됐어요. 당시에 중앙에서 가져올 국비는 이미 예산이 성립이 돼버렸기 때문에 남은게 별로 없는 거예요. 그럼 관건은 우리가 가진 예산을 어떻게 쓰느냐예요. 그래서 그 예산 중에 부동산 버블 때문에 조금 더 와 있는 교부세를 놓고, 일부는 향후 경기가 안 좋을 것을 생각을 해서 유보를 하고, 옆 동네가 재난지원금을 줄 때 우리는 재난지원금을 주지 않고 이번 정원박람회에다 우리가 나머지를 투자한 거예요.

자, 그러니까 어떻게 됐냐? 물론 국가도 정부도 이런저런 이유로 해서 여러 가지를 도왔고 광역 지자체도 도왔지만, 결국은 우리가 이렇게 재난지원금을 주지 않고 아낀 예산으로 더 큰 데다가 투자를 한 거예요, 이렇게. 왜? 이거는 소모성 경비로 쓰는 것이 아니라 정원을 내 집 앞에까지 끌어당기는 데 중요한 기반 시설들을 만드는 데 대부분이 쓰인 거예요 이게, 오천 그린광장이라든가 그린아일랜드라든가 이런 것들이.

그래서 결론적으로 얘기하면 뭔 얘기냐? 우선은 정부에서도 우리가 요구하는 예산들에 대해서 되도록이면 도와주려고 굉장한 노력을 해서 응원해 준 거예요. 그럼 이걸 어떻게 해서 했느냐? 제가 윤석열 대통령하고 친하고 안 하고를 떠나서 진짜 혼을 다해서 설득한 거예요.

문_ 그렇지만 대통령뿐만 아니라 중앙정부 역시 당연히 설득해야 돼죠?

노관규_ 설득을 하는데, 그냥 무슨 문서 하나 달랑 보내놓고 "도와주십시오!"가 아니고, 지금 우리 시대가 어떻게 해야 지방이 소멸되지 않고 경쟁력을 가지게 되는지, 그리고 이거는 일회성 행사가 아니라 완성도를 높여야지만 이것이 기반이 돼서 다른 전략을 펼 수 있다는 것, 그리고 정부는 여기에서 어떻게 응원을 해줘야 하는지 이런 것들을 설명한 거예요, 아주 진지하게. 어떤 경우는 대통령실에 있는 수석을 제가 다섯 번 까지 연락 한 적이 있어요. 그랬더니 밑에 있는 비서관들이 우리를 엄청나게 싫어하는 거예요, 너무 성가시게 한다고.

문_ 청와대 수석이 기초 지자체장 만나주는 경우는 거의 없는데.

노관규_ 그죠. 그만큼 정성을 다한 거죠. 조그만 인연만 있으면 다 만나러 갔어요. 근데 밑에 있는 비서관들이 싫어하니까, 모 수석이 이렇게 얘기를 했다고 해요. "욕하지 마라. 저렇게 하니까 그 지역이 바뀌는 거다. 보고 배워야 된다. 저게 성가신 게 아니고 보고 배워야 된다"라고 오히려 수석이 비서관을 설득했다고 그래요.

그리고 전라남도에도 제가 그랬어요. 원래는 광역 지자체에서 원래는 우리에게 주는 예산을 삼백 한 오십억 정도를 지원했는데, 그보다 훨씬 적은 예산을 생각하고 있길래 제가 얘기를 했어요. '22개 시군에다가 조금씩 돈을 찢어서 던지는 것은 아까운 국민 혈세가 소모성으로 날아가 버리는 결과를 낳을 거다.', '결국 거점을 중심으로 집중해 주는 것이 필요한데, 순천 정원박람회를 나 믿고 지원해다오. 그러면 완성도라든가 결과에 대해서는 지사님이 놀랄 만큼 성과를 낼 것이다.', '나를 믿어도 좋다.', 설득했거든요. 그랬더니 진짜로 바꿔서 그렇게 지원해 줬어요.

　그래서 이 예산이나 이런 것들은 물론 인맥이 중요하죠. 그러나 더 중요한 건 뭐냐? 진정성과 함께 설득하는 논리입니다. 온 몸을 바쳐서 하는 것은 결국 누구나 다 압니다. 해보셔서 알잖아요? 위에서 다 압니다. '저 정도면 도와줘야 돼.' 특히, 경전선 우회하는 것은요 이거는 지난 정부에서 이미 확정이 돼버렸어요. 그리고 우리 지역 국회의원도 도지사하고 다 오케이하고 끝났던 거예요. 근데 경전선이 도심 한가운데를 관통하는 문제이기 때문에 수도 없이 문을 두드렸어요. 그런데 수석들 아무리 만나고 장관을 만나도 이미 확정된 정책을 바꿔줄 사람은 결국에는 대통령이에요. 그런데 대통령이 뭐 이웃집 아저씨입니까? 아무 때나 만날 수 있는 사람도 아닌데. 그래서 대통령한테 우리의 이 절절한 걸 어떻게 하면 전달할 것인가를 제가 아는 모든 사람을 동원해서 두 페이지짜리로 정리한 거죠. 대통령께 전달해서 한 번 읽어주십시오, 그랬더니 개막식에 오셔서 그걸 일 번으로 해결해 주시고 이렇게 된 겁니다.

미래를 주도하는 힘, 상상력

　문_ 네, 마무리 질문으로 3개만 드릴게요. 복융합적인 이런 박람회 기획과 운영, 이렇게 보면 다양한 경험을 하는 게 도움이 될 수 있을 것 같은데, 시장님께서 자서전에도 썼고 종종 이야기도 하지만, 세무직 공무원로서의 경험, 검찰에서의 여러 가지 경험들 또 정치적인 여러 가지 도전들 그런 다양한 시도와 도전, 좌절과 아픔 그런 것들이 정원박람회를 유지, 운영, 발전, 성공으로 가는 데 기여한 바가 있나요?

노관규_ 아니요. 저는 짧은 공직 생활 중에 제일 중요한 게 시스템이 일을 해야 된다고 몸으로 배운 거예요. 왜냐하면 저는 검사 생활을 그렇게 오래 하지도 않았거든요. 근데 거기 딱 하나 장점이 일을 혼자 안 한다는 거예요. 시스템이 일을 합니다. 중요한 사건이 생겼을 때 시스템이 일을 해야지 완성도도 높아지고 효과가 높지, 한 사람이 일을 해서는 안 된다는 것을 그때 머리로, 몸으로 절실히 느꼈습니다. 그리고 그동안에 수도 없이 실패하고 이랬는데 왜 실패했을까 생각했을 거 아니에요?

혼자 잘나 가지고 한 것들은 다 실패했어요. 근데 주변과 같이 했던 것들은 대부분이 괜찮았거든요, 이게. 그러니까 지금 물으셨던 것들이 아픈 기억들이 많지만, 이런 것들이 '혼자 해서는 안 된다, 같이 해야 된다.' 그리고 '가능하다면 수평적인 생각들을 계속 모으는 연습을 해야 된다.', 이런 것들이 굉장히 중요하다는 사실을 배웠고요. 더 중요한 건 뭐냐 하면 '사람을 믿어야 된다.', '왜? 적어도 나와 일하는 사람들 그리고 내가 선발한 사람들을 믿어야지, 그걸 의심의 눈으로만 봐서는 이 중요한 일을 할 수가 없다.' 이런 것들이 굉장히 큰 힘이 되었죠.

문_ 또 하나는 저 혼자만의 감일지는 모르지만, 시장님께서는 어떤 지자체장들은 강조하기 어렵고, 하지 않는 인문학적 소양과 철학적 깊이를 좀 지나칠 정도로 강조를 많이 하세요. 또 실제 그런 모임도 운영을 했고. 그리고 독특한 게 우리 시장님이 얼핏 보면 어디 재벌 2세로 보이는데요(웃음). 또 실제로도 옷도 잘 입으시고 이렇게 하는데, 자서전이나 말씀하시는 것을 들어보면 정말 이렇게나 가난할 수 있을까 싶을 정도로 찢어지게 가난했고, 근데 또 그 속에서 시를 썼고요. 그 당시 시장님께서 속으로 품었던 희망과 같은 이러한 부분들이 정원박람회를 기획하고 추진하고 또 열정을 바치는데 기여한 부분이 있었나요? 어떠신가요?

노관규_ 아주 중요하죠. 제가 사실 옛날에 시인이 되고 싶었어요, 학교 다닐 때.

문_ 시도 읽어보니까 정말 너무 잘 쓰셨더군요.

노관규_ 좀 씁니다. 맞춤법이 좀 틀려서 그렇지. 쓰러져 있는 우리 아들놈이 글을 좀 썼어요. 이 애가 쓴 가족이라는 시가 있는데...

문_ 그래요? 내가 너무 몰랐네요, 대충 어떤 내용인가요? 다 기억은 못 해도.

노관규_ 가족이 뭘까? 이걸 그냥 읽으면 스스로 가족에 대한 의미를 찾을 수 있게 해요. 그래, 이게 바로 가족이야 하는 느낌이.

문_ 그렇군요. 그런데 아까 그런 본인의 가족사적 아픔, 가난, 사랑, 시 이런게 정원박람회하고 어떤 연관이 있나요?

노관규_ 굉장히 중요한 게 이제 세상은 누가 상상력이 더 뛰어나냐에 따라서 미래가 달라집니다. 상상력의 싸움이거든요. 상상력 싸움을 조금 더 현실화시키는 생각의 싸움입니다. 그럼, 이 생각이 되려고 하면 근본적으로 수많은 좌절과 고초, 수많은 경험을 하던가 아니면 수많은 책을 읽거나 공부를 하거나 하는 것들 중 하나 아니에요?

그런데 제가 겪어왔던 굉장히 여러 가지 굴곡진 요소들이 제 상상력을 훨씬 더 풍성하게 해준 거죠. 세상에 대한 증오나 이런 것보다는 어떻게 하는 것들이 좀 더 좋은 세상을 만들 것인가 하는 좋은 쪽으로 하는 상상력이 굉장히 많이 높아진 거예요. 그러니까 상상력이 높아졌다는 얘기가 무슨 얘기냐면, 책임자가 딱 되니까 가야 할 방향을 정할 때 현실을 그냥 문제를 푼다거나 아니면 교과서적인 것을 그대로 따라 하는 것보다는 남들이 쉽게 생각할 수 없는 것들을 생각해 내는 힘이 필요했어요. 그리고 그게 삶 전체를 통해 길러진 거예요. 나도 몰랐는데 지나고 보니까 그 과정에서 길러진 거예요.

그리고 또 하나는 선천적으로 누구나 탁월한 것들이 또 좀 있지 않습니까? 예를 들어서 글을 좀 쓰는 문학적인 소양이나 이런 것들은 그게 억지로 만들어지는 게 아니잖아요. 그게 근데 우리 집안이 못살았어도 우리 할아버지 때부터 그냥 농사만 짓는 분들이 아니었어요. 다 시골에서 훈장이라도 하시는 분들이었거든요. 그런 것들도 있고...

문_ 그런 것들이 정원박람회 설계에 어떤 영향을 미친거죠?

노관규_ 당연히 있죠. 보십시오. 우리가 어렸을 때 경험했던 학교 갔다 오면 옷 다 벗고 풍당 풍당 들어가는 개울 있잖아요. 도시에서 좋은 부잣집에 살았으면 호텔 수영장 갔을 거 아니에요. 호텔 수영장 가는 애들은 저 개울을 생각 못 해요. 내가 시골에서 어렵게 살았지만 거기서 살아서 그걸 생각을 한 거예요, 그게.

문_ 호텔 지을 생각만 하셨겠죠. 그렇죠?

노관규_ 간단하게 얘기하면 이런 거예요. 이게 엄청나게 중요한 일들이에요. 저는 어렸을 때 한 10리쯤 되는 신작로를 터덜터덜 차 안타고 걸어서 학교를 다니고 그랬었거든요. 우리가 도로를 정원으로 만드는 데도 그런 것들이 다 상상력이 되는 거예요. 정원을 빨리 가서 차에서 빨리 내려가지고 잔디밭 얼른 보고 가는 것보다는 아이들과 동물, 반려견을 데리고 함께 걸었을 때 훨씬 더 나한테 주는 것이 많을 것이다, 이런 것들이 다 그렇게 해서 형성이 되는 거예요.

문_ 그러면 정원박람회에 상당히 넓은 존을 무료 존으로 만들어서 시민들이나 관람객들이 비용을 내지 않고도 와서 똑같이 누릴 수 있는 공간을 주는 것도 본인의 그런 여러 가지 경험들이 작용한 건가요?

노관규_ 제가 이야기 하지 않았습니까? 관건은 공간을 어떻게 할 것인가입니다. 돈이 있고 지위가 높은 사람은 돈 내고 좋은 데 다 가지만, 그렇지 않은 보편적인 사람들은 어떻게 할 것인가? 이들이 내가 돈이 없다, 지위가 낮다, 늙었다, 장애다 이런 걸 느끼지 않고 다같이 어울릴 수 있는 공간을 만들어 주는 게 대단히 중요해요. 오천 그린광장이나 그린아일랜드를 처음에 할 때 우리 공직자들은 돈을 받자고 그랬어요. 돈을 받아야 한다, 돈을 들여서 만들었으니까. 내가 반대했어요. 이거는 시민들 누구나 와서 어울리고 그래야 한다.

문_ 혹시 그랬을까 해서 여쭤봤어요.

노관규_ 그렇게 된 겁니다. 일부에서는 박람회 하니까 유료 존으로 만들자 하는걸 제가 안 된다고 그랬어요. 안 된다고. 그런 여러 가지가 말을 안 했지만, 모두 사고를 하게 되는 중요한 요소들이 된 거죠.

단 한순간도 희망을 버리지 않았다

문_ 이번 질문은 답변 안 하셔도 됩니다. 시장님의 여러 가지 화려한 경력들, 또 잘 나가던 검사 시절도 있는데, 저는 이제 우리 시장님을 가까이 모시던, 비서실장 이런 분들하고 이야기하다가 한 장의 사진을 우연히 보게 됐어요. 시장님 취임식 때 아픈 아이와 또 역시 나름대로 아픔을 가지고 있는 사모님이 같이 있는 사진을 보면서 정말 쇼킹했어요. 저도 장애인 누나를 두고 있고 그런데. 그러면 취임식 때 한번 왔고 그다음에는 못 뵀다고 하는데, 이번 정원박람회가 긴 기간인데 우리 첫째 장애인 아들, 또 나름 여러 가지 아픔을 겪고 있는 사모님 그리고 또 케어하고 있는 착한 둘째까지 가족들하고 많은 이야기가 녹아져 있는데, 시민들 없을 때는 함께 돌아다녀 보신 적이 있나요?

노관규_ 몇 번 했어요. 그리고 저는 왜 숨기지 않으려고 하냐면, 인간은 다 완전한 것 같지마는 어느 집안 누구에게든지 불행한 일은 다 있습니다. 굳이 숨길 필요가 없어요. 그래서 저는 어쩔 수 없이 운명이라 생각하고, 그걸 굳이 숨기려고 하지 않아요. 그리고 그것을 이용해서 내 목적을 달성하려고 하지도 않아요, 솔직히 얘기하면.

왜냐하면, 어떨 때는 아들의 입장으로 돌아가 보거든요. 이놈이 이렇게 안 쓰러졌으면 아들에게 이 모습을 보여주고 싶었을 것인가? 보여주기 싫을 거라는 생각이 들어요. 그렇지만 제가 얘기를 해요. 첫째 이름이 태민인데, 개명도 했거든요. 이름이 나빠서 혹시 아프지 않나 해서.

문_ 개명까지 했어요?

노관규_ 이름이 나빠서 그런 줄 알고. 그래서 태민아, 이거는 부끄러운 것이 아니다. 훨씬 더 형편없는 사람도 많아. 그리고 너를 사랑하는 수많은 사람들이 있지 않냐, 가족부터. 그러니까 그러지 말고 우리가 떳떳하게 가서 미소로 만나자. 그래서 아들에게 의사를 물어보면 눈을 깜빡깜빡 해요. 그래서 데리고 나가고 그랬거든요. 그래도 참. (탄식)

문_ 그래도 좀 가족사적인 아픔들이 있으면 공직에 있는 분으로서 감내하기 힘들 때 오는 어쩔 수 없는 우울감이 있지는 않는가요?

노관규_ 우울증 많아요.

문_ 새로운 도전에 대한 어떤 의욕 상실, 이런 게 있을 법한데, 그런 것도 없이 거침없는 열정과 공직에 대한 헌신, 그리고 어려운 상황속에서의 '수신제가', 시정 운영 등 여러 문제들을 극복해 나가고 계시고, 또 그 이야기가 결국 지금 무수히 많은 사람들이 절망 속에서 희망을 찾는데 훌륭한 귀감이 될 듯합니다. 지금 현재 어려운 상황에 놓인

분들께 어떤 조언을 좀 해주고 싶으세요?

   노관규_ 저는 열정의 불꽃을 끌려고 하는 사람들을 가까이 두지 말라고 그래요. 그리고 자기가 가지고 있는 열정을, 불꽃을 더 세게 일으켜 줄 수 있는 사람을 가까이 하라고 합니다. 왜냐하면 우울한데 우울한 사람들끼리 모이면 자살만 하고 싶으니 그러지 말라는 거예요. 인간은, 저는 그래요. 저는 뭐 교회도 다니고 그런 게 있지만, 다른

종교도 다 마찬가지예요. 세상이 얼마나 공평한지를 알게 돼요.
   제가 검사 때 배운 것 중에 하나가 바로 돈도 많고, 부러울 것도 없어 보이는 사람들도 다 숨겨진 불행들이 있다는 사실이에요. 대검 중수부에 가서 이런 사건을 수사하면서, 우리나라 재벌들을 많이 봤잖아요?

   문_ 제일 잘 나가는 정치인, 경제인들은 다 거기 왔다 가죠.

   노관규_ 네. 그런데 그들이 안고 있는 아픔들은 우리가 상상할 수 없는 것들이 있어요. 형제간, 부자간, 가족 간에 화목하고 이런 것처럼 우리가 생각하는 행복의 가치가 그들에게도 없을 수 있겠구나 하는 것도 제가 많이 느꼈거든요. 그래서 저는 그래요. 배가 고프면 누가 밥을 떠먹여주지 않더라도 밥은 먹어야 되잖아요. 그렇듯 늘 세상에 긍정적

민선8기 순천시장 취임식에 아픈 가족과 함께
입장하고 있는 노관규 시장

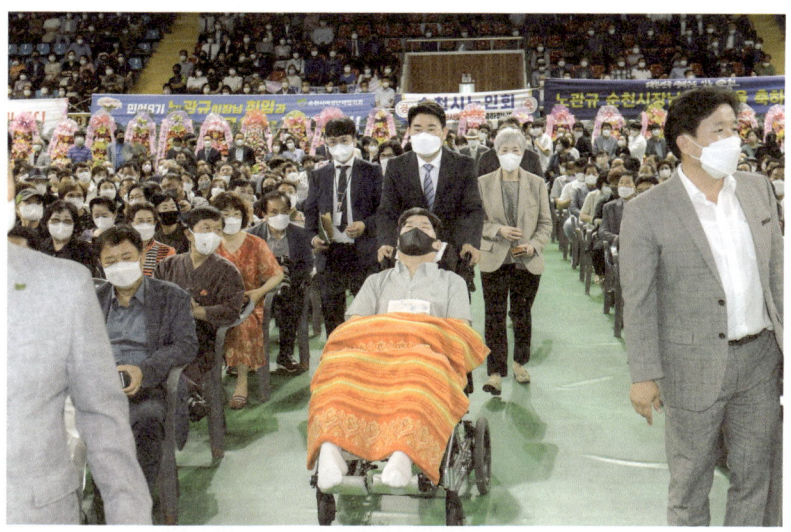

저는 열정의 불꽃을 끌려고 하는 사람
들을 가까이 두지 말라고 그래요.
그리고 자기가 가지고 있는 열정을,
불꽃을 더 세게 일으켜 줄 수 있는
사람을 가까이 하라고 합니다.

인 꿈을 가져야 자기도 튼튼해지면서 여러 가지가 행복하게 보이는 것이지 염세적으로 부정적인 생각만 하고 있다면 내가 행복해지지 않는다고 생각을 해요.

저도 어떨 때는 그래요. 우리 직원들 만나서 여러 가지로 좀 처져 있는 친구들한테, "어이 힘내 이 사람아. 자네 누가 아프다며. 그래 자네가 내가 돼봐. 마누라는 파킨슨병이야. 아들은 투석 받다가 쓰러져서 서른 살 먹은 애가 말도 못하고 사지도 못 움직이고 누워 있어. 일주일에 세 번씩 투석해야 돼. 둘째도 형 보살핀다고 학교도 때려 치우고 그러고 있어. 자네 같으면 이거 어떡하겠나."

문_ 그러니까요.

노관규_ 근데 이걸 두 가지로 해서 하나는 내 인생은 왜 이 모양이냐 할 수도 있어요. 그럼 다른 하나는 뭐냐? 이들에게 희망을 줄 수 있는 역할을 내가 할 수 있겠는가를 생각해 볼 수도 있다, 사실 이게 굉장히 중요한 게, 열정을 사그라지지 않게 하는 게 제일 중요해요. 그래서 늘 긍정적인 사람을 옆에 둬라. 부정적이고 우울한 사람들 옆에 있으면 안 된다.

그리고 제가 우리 비서실장한테 늘 하는 이야기가 뭔 얘기냐 하면 중요한 책임을 맡아야 할 사람은 언제나 잊지 말라는 게 내가 공인이라는 사실을 잊지 말라는 거예요. 이게 바로 공인 의식이거든요. 이 공인 의식을 자꾸 되뇌다 보면 그 결과를 인정해 주는 사람이 많아지기 때문에 개인적으로도 이렇게 저렇게 누리는 행복과 만족감보다 이게 훨씬 더 만족감이 크거든요.

문_ 제가 시장님께, 사적으로 만났을 때도 그렇고 공적으로 만난 지금도 그렇고 이러한 것들을 질문하는 이유를 말씀드릴게요. 그 개인사적인 아픔들, 즉 여느 사람에 비해서 가난의 폭도 깊은데 아무리 정원박람회가 성공했다고 해도 일상으로 들어가면 여러 아픔들이 있는데 어떻게 우울해하거나 자신감을 잃거나 하지 않고 끊임없이 미래의 비전과 희망을 찾을 수 있을까, 이 모습을 보면서 결국 리더는 공직자들과 시민들에게 희망을 줘야 하는데 그런 부분에 대해 다양한 메시지나 정원박람회의 비밀일 수도 있는 노관규식 리더십과 시정 운영 철학에 대해서 좀 고통스럽게 여쭤봤는데 진솔히 말씀해 주셔서 정말감사드립니다.

이제 진짜 마지막 두 가지 질문을 드릴게요. 최근 정원박람회와 미래 10년, 그리고 순천시의 향후 100년까지 준비하면서 AI의 상상력 그리고 또 아인슈타인이 언급했던 "지식보다는 상상력이 더 중요하다" 이런 이야기를 강조하셨어요. 단순히 강조 정도가 아니라 우리가 일반적으로 이야기하는 AI나 메타버스, 4차 산업혁명을 강조하는 정도의 맥락을 넘어서는 것 같아요. 그렇게까지 강조하시는 게 정원박람회와 순천시의 미래하고 어떻게 연관이 됩니까?

창조하는 도시 일류 순천의 미래

노관규_ 영국에는 유명한 가든들이 많아요. 그 CEO들이 다 해고됐다는 얘기를 들었어요. 해고 사유가 뭔 줄 아세요? 변화하지 않아서입니다. 과거의 정원들을 그대로 해가지고 그것만 유지하고 관리하면서 보여주는데 만족했죠. 그런데 시대는 어떻게 변했냐? 스마트 시대로 바뀐 거예요. 모든 것들이 완전히 새로운 세상으로 바뀐 거죠. 이걸 여기다 얹혀가지고 새로운 걸 못 보여준 사람들은 잘라낸 거예요.

근데 우리 순천시를 봅시다. 정원박람회는 저희가 상상해서 만든 거예요. 물론, 소스는 여러분들이 있었겠지만. 이걸로 이번에 천만 명이 왔어요. 내년에 천만 명이 또 오겠어요? 아니에요. 특히, 요즘은 한 달이면 옛날이 되는 시대에 살고 있는데. 그럼 뭘까? 젊은이들이 여기로 오게 하고, 여기에서 일자리를 얻고, 아이들을 키우고 노후를 보낼 수 있도록 하는 것은 뭘까? 이거는 굉장히 고급의 문화 콘텐츠 산업이어야 될 것이다. 근데 이거는 다 수도권에 있다. 그러면 지방 도시가 어떻게 해야될 것인가? 우리는 수도권이 가지지 못한 굉장히 중요한 아날로그적인 요소를 가지고 있다. 국가 정원과 순천만을 가지고 있다. 수도권에 이게 있으려고 그러면 수십 조가 있어도 안 되니까. 그러면 여기에다가 새롭게 만들어낸 문화콘텐츠를 입혀야 하는데, 이게 과연 뭘까? 여기의 중심은 어디일까? 이런 거죠. 상상력을 발휘해 본 거죠.

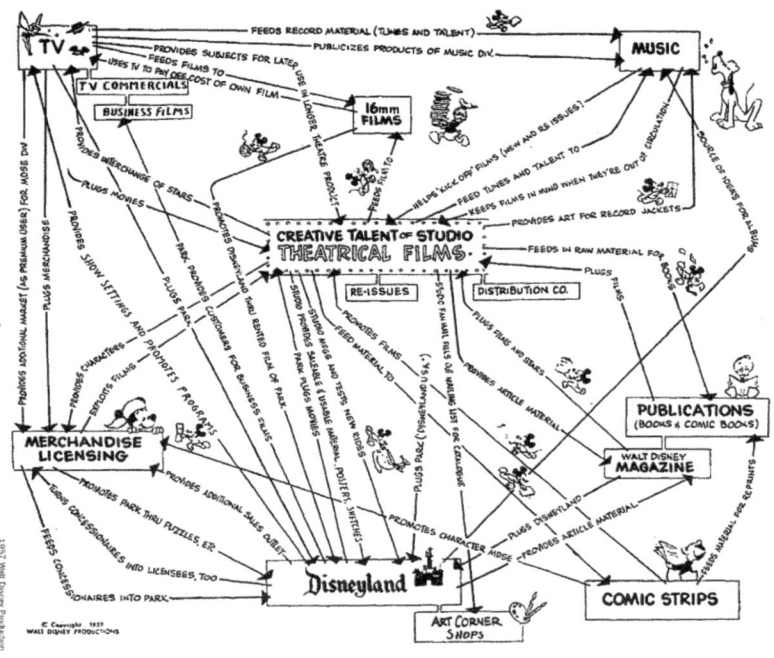

월트 디즈니가 1957년 작성한 그림. 현대의 미디어 믹스 전략을 그보다 훨씬 이전에 정립해놓았다고 볼 수 있다.

그래서 우리가 아는 월트 디즈니의 본사를 창립했던 사람들은 어떻게 했을까? 이미 60년 전에 말이죠. 보면 너무나 놀라워요. 이 사람들은 그때 기본적인 권리를 유지하고 변화만 주면 될 수 있는 것들을 이미 설계를 해놨어요. 그렇다면 그거를 우리가 지금 여기서 쫓아가면 2등밖에 안 될 거 아니에요? 그래서 우리만의 아날로그적 요소를 그대로 훨씬 더 잘 유지해 가면서 여기에다가 그들이 고민하는 것을 한 단계 뛰어넘는 거예요, 상상력으로. 누가? 우리의 힘만으로 깨는 데 시간이 너무 많이 걸리니까 과학기술을 이용하자는 거죠. AI의 상상력을 우리 인간의 상상력에 따라 합치면 더 높은 상상력의 결과가 나올 거니까 그렇게 가자는 거예요.

그래서 제가 직원들하고 얘기하는 게 그거예요. 늘 하는 게 지금부터 공부하는 것들은 너무 늦는 거다. 이거는 이미 골격은 짜졌기 때문에 우리들이 집단으로 모여서 상상력을 만들어 보자. 그리고 AI에게도 물어보자. 어떤게 좋겠니? 이거를 합쳐서 아날로그적인 요소가 강한 국가 정원과 순천만에 플러스시키면 완전히 새로운 문화와 산업이 생길 거다.

문_ 네, 이제 진짜로 마지막 질문드립니다. 천만 명이 순천만정원박람회를 다녀갔고, 또 오고 싶은데 못 와서 방송을 통해서 보고 참 멋진데 하는 국민, 시민들한테 순천시장으로서 미래의 AI, 메타버스 시대의 정원박람회를 준비하면서 어떤 이야기를 그분들에게 해주고 싶으세요?

또 궁극적으로 책이 나왔을 경우 독자들에게 순천시장으로서보다는 정원박람회의 사령탑으로서, 이 시대에 아주 몸부림치면서 살아가는 우리 시민들에게 절박하면서도 유언처럼 해주고 싶은(웃음) 희망의 메시지 한번 부탁드립니다.

노관규_ 모든 사람들을 평균 소득 5만 불 정도 되게 살게 만들기는 굉장히 어려워요. 근데 여러분들이 그렇게 만들려고 하지 마세요. 여러분들이 혼자 그거를 달성하려고 하니까 스트레스를 많이 받거든요. 공적인데서 이걸 만들 수가 있어요. 여러분들은 그걸 즐기시면 되는 거예요. 우리 순천이 여러분들을 천만이 오시도록 맞이했던 것들은 여러분들 소득이 3만 불 정도 됐을 때 여러분들이 뭐를 보고 싶어 하는지를 생각해서 만든 거예요. 지금 우리가 다시 만들려고 하는 것은 여러분들이 직접 만들지는 않겠지만, 소득이 5만 불 정도 됐을 때 새로운 눈높이에서 여러분들이 충분히 즐길 수 있도록 준비하고 있는 겁니다.

그러니까 세상에 혼자 다 만들어서 느끼고 가지는 것이 아니라, 내가 어떤 것들을 만들어서 주기도 하고 어떤 것들은 다른 사람이나 국가나 지방정부가 만들어서 주기도 하는 겁니다. 그러니까 세상에 나 혼자 모든 것을 다 해야 된다고 생각하면서 스트레스받지 마시고 이런 것들을 잘 보고 계시면 훨씬 더 행복해질 거라 믿어요. 분명, 삶에 여유가 생기시리라 생각해요. (다함께: 자, 박수로 마칩시다.)

순천만국가정원 야경

노관규의 생태도시 실험,
대한민국을 흔들다

이정민의 퍼스펙티브

인구 28만명의 소도시 전남 순천이 전국을 뒤흔들고 있다. 이름도 생소한 국제정원박람회를 개최해 전국의 관광객을 빨아들이는가 하면, 경쟁도시 고흥·창원을 물리치고 한화에어로스페이스 한국형 우주발사체 단(段) 조립장을 유치했다. 며칠 전엔 순천대학교가 교육부 지원 '글로컬대학 예비지정 대학'에 뽑혀 활력을 더하고 있다.

성공 스토리의 주역은 '생태도시'를 밀어붙여온 노관규 순천시장(무소속)이다. 10년만에 두번째로 열린 순천만국제정원박람회(4월1일~10월31일)는 그의 '특허품'이다. 개장 80일(6월19일 기준)만에 목표 대비 61%의 관람객(490만명) 유치와 목표 수익의 93%(235억원)를 달성했다. 고용 창출 2만 5,000명, 생산유발 효과는 1조 5,926억원에 이를 것이란 분석(대외경제정책연구원)이다.

이보다 놀라운 건 전국에 불고 있는 '순천 배우기' 열풍이다. 50여곳의 지방자치단체를 포함, 230개의 연구소·기관이 순천을 벤치마킹 중이다. 개막식에 윤석열 대통령이 참석한 것을 비롯해 수도 서울의 오세훈 시장, 박완수 경남지사, 최민호 세종시장등 숱한 정치인이 순천을 찾았다. 공무원 시찰단 방문도 끊이지 않는다.

도대체 무슨 일이 일어나고 있는 것일까. 지난 6월 18일 순천을 찾았다. KTX 순천역에서 도보로 5분거리의 동천 선착장에서 요트를 타고 정원으로 향했다. 60만평의 대지에 영국·미국·네덜란드·멕시코등 세계 정원과 다채로운 테마정원이 이어져 있다. 교통체증·잡상인·쓰레기가 없어 쾌적한 순천만 정원, 느림의 여유를 만끽할 수 있다. "무릉도원이 따로 없다" "외국 같다"는 관람객들의 탄성을 뒤로하고 박람회조직위 사무실에서 노관규 시장과 만났다.

인구소멸 위기 속 순천 인구는 늘어

이정민_ 처음엔 시 의회와 시민·환경단체의 반대가 거셌다던데.

노관규_ 공장 짓고 아파트 지어야지 무슨 생태냐, 천지가 산이고 들인데 무슨 정원이냐는 조롱이 쏟아졌다. 그러나 중소도시가 대도시 흉내 내 경쟁력이 있겠나. 세계사적으로 봤을 때 아파트·공장 짓는 회색개발은 한계에 왔다. 삶의 질을 바꿀 수 있는 자연을 기초로 도시의 경쟁력을 높이지 않으면 안 된다.

이정민_ 산업단지가 없는데도 순천 인구는 늘었다.

노관규_ 호남 22개 시·군중 13개가 소멸 위기인데 오히려 순천은 광주·전주에 이은 세 번째 도시가 됐다. 한화에어로스페이스가 순천에 온 건 여기서 일할 고급인력들이 이 정도 정주여건이라면 순천에서 살고 싶다는 여론이 작용했기 때문이다. 생태도시로 방향을 정하고 우리가 잘할 수 있는 경쟁요건을 갖춘 게 굉장한 효과를 낸 것이다.

우리에게 정원 문화는 낯설다. 역사적으로도 정원 가꾸기(gardening)와는 거리가 멀었거니와 산업화와 함께 아파트 문화가 자리잡으면서 정원과 단절됐다. '정원' 하면 '텃밭'을 떠올리기 쉽지만, 텃밭은 생산과 노동의 공간이고 정원은 여가와 휴식의 공간이란 점에서 근본적으로 다르다. 정원박람회는 역발상의 산물이다. 오세훈 서울시장은 "서울시는 발상을 전환해 시민에게 감동을 주는 창의시정을 강조해왔는데, 그 사례를 순천에서 봤다"고 극찬했다.

이정민_ 순천의 목표는 관광도시인가.

노관규_ 관광도시 이상의 의미가 있다. 대한민국의 과제가 수도권 일극체제 해소 아닌가. 공기업 강제 분산시키고 공장부지 만들어놓고 가라고 하지만 안 된다. 수도권을 포기하고 올 만한 다른 가치가 있어야 한다. 아이 키우고 자신들이 재충전하고 노후까지 보낼 수 있는 도시라는 걸 보여준 게 순천이다. 수도권 일극체제를 나눠 지고 국가균형 발전의 해법을 제시했다는 데 큰 의미가 있다.

4차선 아스팔트 도로를 잔디광장으로

노 시장의 정원박람회 구상은 2009년으로 거슬러올라간다. 멸종위기 야생동물인 흑두루미의 97%가 월동한다는 일본 이즈미(出水)시를 견학, 몸집이 큰 흑두루미가 의외로 전깃줄에 걸려 많이 죽는다는 사실을 알게 됐다. 순천만 일대 283개의 전봇대를 뽑고 전선을 없앴다. 전세계 흑두루미 1만 8,000마리의 60%가 넘는 1만여 마리가 찾아오는 세계적 흑두루미 월동지로 자리 잡으며 순천만이 되살아났다.

올해는 업그레이드된 실험을 했다. 초고층 아파트 단지 밀집지역인 오천동 앞 4차선 아스팔트 도로 1.2㎞ 구간을 잔디로 덮어 맨발 산책이 가능한 잔디 광장(그린 아일랜드)으로 바꿨다. 정원이 도심의 일상 속까지 스며들어온 것이다.

과정은 순탄치 않았다. 10년 전부터 순천시청에서 정원박람회 실무를 이끌어온 최덕림 총감독의 말이다. "전봇대 뽑기로 직접 피해를 보는 농민이 5000명, 가족까지 따지면 1만~2만표가 떨어질 수도 있었다. 정치인으로선 어려운 결정이었다. 하지만 '손해 보더라도 미래를 위해 가자'는 시장의 결심으로 순천만 생태계 보전지구로 지정할 수 있었다." 최 총감독은 "반대하던 시민들도 요즘은 이 정도로 살기좋은 도시가 된다면 불편은 감내할 수 있다는 쪽으로 변하고 있다"며 "'노 시장이 고생하고 수고하셨다'는 얘기를 들으면 보람을 느낀다"며 달라진 민심을 전했다.

고졸 출신 검사, 순천시장만 세 번

노 시장은 특이한 이력의 정치인이다. 고졸(순천매산고) 출신으로 구로공단 노동자→세무공무원을 거쳐 4수 끝에 사법시험에 합격, 검사가 됐다. 2000년 수원지검 검사를 끝으로 DJ(김대중 전 대통령)의 권유로 정치에 입문했다. 2006년(민주당)과 2010년(무소속) 연거푸 순천시장에 당선됐으나 총선에서 잇따라 고배를 마신 그는 지난해 세 번째로 순천시장(무소속)에 취임하며 10년만에 부활했다. 시련이 그를 더욱 단련시킨 것일까. 노 시장은 "닥치는대로 잡다하게 책을 읽었다. 비로소 고민하던 것들이 환하게 보이기 시작했다"고 말한다.

이정민_ 성공하는 리더십의 요체는.

노관규_ 도시는 지자체장이 공부한만큼 발전한다는 걸 깨달았다. 공부를 해야 생각의 눈높이가 높아져 과거로 회귀하지 않고 새로운 것을 창조할 수 있다. 아무리 시장의 역량이 있어도 철학과 비전을 현실로 실현시켜주는 건 공무원이다. 공무원을 설득하고 그들이 긍지와 가치를 느끼게 하는 게 시장의 리더십이다. 또 시민들 눈높이가 그 수준이 돼야 한다. 시장-공무원-시민의 3합이 맞아야 하는 것이다.

이정민_ 공무원 설득의 비결은 뭔가.

노관규_ 시장의 무기는 인사권이다. 칸막이를 허물어 행정·토목·해양등 필요한 직능을 한군데로 합쳐 일할 수 있게 하고, 과장에게 같이 일하고 싶은 사람을 고르라고 했다. 1명도 바꾸지 않고 그대로 인사를 냈다. 시장이 인사권을 포기하고 권한을 준만큼 책임도 지게 한 것이다.

이정민_ 시민 설득이 쉽지 않았을텐데.

노관규_ 코로나 재난지원금을 주지 않고 전액 정원박람회에 썼다. 도시의 근본적 동력을 만드는 데 사용한 거다. 직접 24개 읍·면·동을 돌며 시민들을 설득했다. '여러분이 다섯아이 부모다. 넷째 대학등록금이 고민인데 다섯째가 명품 운동화 사고 싶어한다. 부모라면 밤새 고민 끝에 명품 운동화를 포기하고 대학 등록금에 쓰자고 하지 않겠느냐'고 설득했더니 고맙게도 시민들이 따라와주더라.

시장의 철학과 비전을 현실로 실현시켜주는 건 공무원이다. 공무원을 설득하고 그들이 긍지와 가치를 느끼게 하는 게 리더십이다. 또 시민들 눈높이가 그 수준이 돼야 한다.

오세훈-노관규의 특별한 인연

정치권에선 오세훈 서울시장(국민의힘)과 노 시장의 특별한 인연과 협력에도 주목한다. 각각 무상급식 파동과 총선 낙선으로 정치적 공백기를 맞았다 10년만에 나란히 부활했다. '정원과 같은 도시 서울'과 '생태도시 순천'을 표방, 협력 중이다. 오 시장이 간부들을 데리고 박람회를 관람했고, 지난달엔 노 시장이 서울시 팀장급 이상 간부를 대상으로 특별강연을 하기도 했다. 노 시장은 "프랑스·영국·독일 등 정원문화가 발달한 나라는 제국을 이뤘거나 꿈꿨던 나라들"이라며 "오 시장의 인문적·철학적 눈높이가 굉장한 수준에 있다고 봐야 한다"고 평가했다. "기초단체장인 내게 강연을 하게 한 건 오 시장이 가슴과 통이 크고, 사람을 널리 구하고 쓰려 한다는 의미"라고도 했다.

오 시장은 "정원박람회 같은 큰 규모의 행사를 하려면 보통 대학교수나 외부 전문가에게 의뢰하는데, 10년 전에 일한 사람을 다시 발탁해 권한을 주고 일하게 한 용인술이 놀랍다"며 "세계사에 유례없는 일을 해낸 순천이 지방행정 업그레이드의 기폭제가 될 것"이라고 호평했다.

"순천에 월트 디즈니 만드는 게 꿈"

인터뷰 말미에 노 시장은 "꼭 하고싶은 말이 있다"며 애니메이션 클러스터 사업을 설명했다. "순천 3개 대학에 애니메이션 학과가 있다. 졸업하면 수도권에 올라가 고시텔·원룸 전전하다 우울증 생기고 가족도 힘들게 한다. 지방도시도 고급문화산업을 할 수 있게 정부가 지원해줘야 한다. 월트 디즈니같은 회사를 왜 순천에 못 만드나?"

'정원 쓰나미'를 몰고온 '노 작가'(시청 직원들은 노 시장을 이렇게 부른다)의 꿈이 이뤄질 것인가.

출처 : 중앙일보(2023.06.22.)

순천만정원박람회의 성과, 그리고 새로운 계획

순천KBS라디오

윤형혁 앵커(이하 윤형혁)_ 시사 이슈 오늘은 노관규 순천시장과 2023 순천만국제정원박람회 되돌아보고 앞으로 계획 들어봅니다. 스튜디오에 직접 나와주셨습니다. 시장님, 안녕하세요.

노관규 순천시장(이하 노관규)_ 네 안녕하세요.

윤형혁_ 일단 지난 7개월간 대장정 치르느라고 정말 고생 많으셨습니다.

노관규_ 1년 4개월 동안 했습니다.

윤형혁_ 그전부터 준비 기간까지 그렇죠. 지금은 임시 휴장에 들어간 상태이죠?

노관규_ 그렇습니다.

윤형혁_ 어쨌든 목표 관람객 800만 명을 내세웠는데, 조기에 달성했고. 최종적으로는 거의 1천만 명 가까운 분들이 이 박람회장을 다녀가셨습니다. 보람도 좀 크실 것 같고. 또 열심히 이제 1년 4개월 준비를 또 하신 만큼 그 결과와 관련해서 좀 소회도 좀 남다르실 것 같은데요.

노관규_ 그렇습니다. 일단은 대한민국 국민 다섯 분 중에 한 분이 다녀가셨거든요. 그러니까 폄훼하려고 해도 폄훼할 수 없는 결과가 생겼습니다. 우선 순천이라는 도시가 어떤 도시인지, 인구는 30만도 안 되지만 이 도시에 살고 있는 사람들의 수준이 어느 정도인지, 공무원들의 역량은 어느 정도인지를 대한민국에 확실히 알려줬고. 이에 따라서 정부 지원과 기업 그리고 다른 지자체들의 평가들이 잇따르고 있기 때문에 우리가 얻을 수 있는 것들은 최대한 얻어내지 않았는가 싶습니다. 제 개인적으로는 이 박람회를 예전에도 마무리를 못해서 정치적으로 부침이 있었는데, 명예회복이 어느 정도 조금 된 것 같아서 시민 여러분과 국민들께 감사드리고 공무원들에게 감사드리고 있습니다.

윤형혁_ 아 그렇군요. 지금 시장님께서 보시기에 이번 박람회의 흥행 비결과 원동력은 뭐라고 보십니까?

노관규_ 다음 주 화요일날 제가 지방시대위원회에 가서 10분 동안 강연하고 특별상을 받도록 돼 있거든요. 그러니까 완전히 인정해 준 거죠. 우선 첫째는 국민소득 3만불이 넘어가는 대한민국 국민들에게 어떤 모습을 보여줄 것인가를 우리 생각과 우리 기술로 새로운 자원을 창조했다는 데 박수를 받았고요.

두 번째는 일하는 방식이 완전히 달랐습니다. 예컨대 박람회 하면 대체적으로 시장이 일 잘한다고 생각하는 사람 가서 좀 해보라고 이렇게 뽑아서 보냈을 텐데 저희들은 그렇게 안 했거든요. 마지막으로는 제가 직접 가서 결재판 들고 오거나 컴퓨터 앞에서 결재 올리는 시간을 줄여들기 위해서 의사결정을 신속하게 현장에서 해줬습니다.

그리고 무엇보다도 순천시 의회의 정병회 의장님이 이끄는 의회가 역할을 굉장히 크게 해줬습니다. 왜냐하면 적시에 예산을 투입할 수 있도록 지원을 해준 거죠. 그리고 전라남도 김영록 지사님과 남성현 산림청장님이 결국 외곽의 중앙부처와 광역자치단체의 대응을 하거나 장인데, 이분들도 인력을 보내거나 예산을 지원하면서 여기에서 독자적으로 외부의 간섭 없이 일할 수 있도록 굉장한 리더십을 발휘해줬습니다. 그러니까 소위 삼합 시장과 공무원과 시민들이 똘똘 뭉쳐서 어떻게 시대의 변화를 이끌어내는지 이 삼합의 힘을 정확하게 전국에 알려준 게 이번에 순천만국제정원박람회였다 이런 생각이 듭니다.

윤형혁_ 그러면 지금 어찌 됐건 이제 국가적으로가 됐건 아니면 지자체 차원에서도 이런 이제 큰 이벤트들을 해 나갈 때 순천시의 지금 사례가 하나의 모범이 될 수 있을 것 같습니다.

노관규_ 우리가 새로운 이정표를 세운 모델입니다. 사실은 전국 지자체가 243개 정도 되지 않습니까? 광역, 기초, 국가기관까지 합치면 500군데가 넘게 오시는데 여기에 80%가 순천시를 방문했습니다. 순천이라는 도시가 이걸 해내는 걸 보고 깜짝 놀란 겁니다. 그렇게 해서 도대체 무슨 힘으로 대도시도 시행 못하는 이런 것들을 해낼 수 있는지 이걸 보러 그렇게 많은 기관들이 방문했었습니다.

윤형혁_ 이번 박람회와 관련해서 이 '생태가 경제를 견인한다.' 쭉 말씀을 좀 해오셨는데 좀 지금 눈에 띄는 성과와 또 앞으로 드러날 효과를 어떻게 보고 계시는지요?

노관규_ 원래 이 승인을 받을 때 전문가 집단에서는 1조 6천억 정도의 생산 유발 효과가 있을 거라고 예측을 해줬거든요. 만일에 800만이 다 왔을 때 천만 명의 소비군이 왔다는 얘기 아니겠습니까? 순천만이 아니고 인접 도시 여수, 광양, 고흥, 구례 할 것이 다들 이분들이 소비군 역할을 해줘서 우리 남도 지역 전체가 들썩거리는 일이 생겼죠.

그리고 두 번째로 중요한 것들은 이것 때문에 새만금이 저렇게 잘 안 돼가지고 정부의 질책을 받고 예산이 다 삭감되는 것에 비교해서 순천은 정말 이렇게 잘하는 데는 더 잘할 수 있도록 도와줘야 되는 거 아니냐 해서 지금 세금이 안 거쳐서 모든 사업들을 줄이고 있을 때 순천은 거기에서 상당히 빗겨가 있고 정부에서 우리가 원하는 예산들을 대부분 반영해 주는 엄청난 효과를 누렸거든요. 그리고 기업도 한화에어로스페이스가 바로 이 박람회 와중에 순천으로 결정을 해서 오게 됐거든요. 우주산업하고 관계없는 순천이 왜 우주산업의 한 축을 맡게 됐겠습니까? 바로 여기에서 생긴 효과들입니다. 그리고 광양에서 주로 터전을 잡고 활동하던 포스코가 이미 가장 중요한 이차 전지에 대한 원 소재 산업을 순천에 있다가 본사를 두고 오게 됐고 또 순천이 늘 아쉬워했던 호텔이나 리조트 산업을 바로 승주CC 위에다가 최종적으로 약 5천억 정도 예상이 되는데 이걸 투자해서 지금 행정절차가 마무리돼서 여러 가지 절차를 진행하고 있고 이런 효과를 얻었거든요.

그러면 우리가 전국에 보여주는 이런 모습들은 돈으로 환산할 수 있는 것도 있고 돈으로 환산할 수 없는 것도 있는데 환산할 수 없는 것들이 더 큰 가치거든요. 그러니까 일부에서는 박람회가 흑자가 아니다. 어떻게 해가지고 자꾸 이상한 소리하는 사람도 일부 있기는 있지만 바로 우리가 2천억 정도를 투자해서 하는 것들에 저는 수십 배를 지금 이렇게 우리가 얻어낸 게 이번 박람회의 결과다 이렇게 생각이 듭니다.

윤형혁_ 그래도 여전히 좀 아쉬운 대목들이랄지 좀 부족한 부분들이 있었다면 어떤 것들이 좀 있었을까요?

노관규_ 우선은 정원 노조 문제가 해결이 안 돼서 개막하고도 거의 굉장히 긴 시간을 동문을 틀어막고 보고 싶지 않은 모습들을 보여준 것들은 조금 아쉬워요. 제 정치력도 좀 부족했지 않았는가 싶고 이분들도 사실은 순천시에서 원서를 내시고 일을 하라고 했는데도 안 들었거든요. 결국은 중노위(중앙노동위원회)까지 가가지고 이분들이 져 버렸어요. 이제 할 말이 없게 돼버린 거죠. 그렇지만 지역의 힘으로 이걸 풀어내지 못한 것은 굉장히 아쉽다는 생각이 들고요. 또 우리가 굿

즈라든가 이런 부분에서 소위 우리를 대표하는 선물이나 이런 부분에서도 많이 아쉬워요. 그리고 잔디를 우리가 생산하지 못하고 외부에서 사 오다 보니까 균일된 잔디 품질을 우리가 못 보여드렸어요. 전국의 연합군들이 다 모여서 하는 것처럼 그래서 후방 산업으로 미리 좀 예측을 하고 연결을 했어야 되는데 이런 부분 등등 아쉬운 부분도 많이 있습니다.

윤형혁_ 이제 10년 뒤에 2033년을 좀 기대하는 목소리들도 좀 있는 것 같은데 이 부분은 어떻게 보십니까? 'A1급 박람회를 유치해야 된다' 이런 주장에 대한 생각은 어떠신지요?

노관규_ 저는 지역 국회의원이 그런 얘기를 하는 얘기는 들었는데 그분 아이디어지 저는 그건 쉽지 않을 것이고 갈 필요성이 있는가에 대해서는 고민해 봐야 된다고 봅니다. 왜냐하면 처음에 우리가 이 박람회를 시작할 때 지금은 돌아가셨지만 AIPH(국제원예생산자협회) 듀크하버 회장하고 논의를 했어요. 근데 일반 산업박람회하고 달리 이 박람회는 굳이 BIE(국제박람회기구)에 비싼 비용을 들여서 승인받을 필요가 없다. 왜? 등록 박람회를 하다 보면 6개월 할 수 있지 않습니까? 이거는 6개월을 충분히 할 수 있기 때문에 그럴 필요가 없고 그리고 이 정원 박람회에 관련된 여러 가지들을 생산하는 협회가 따로 있기 때문에 여기가 참여하도록 하면 결과는 똑같이 얻을 수 있다라고 얘기를 했거든요.

그리고 다른 하나는 생물을 이용해서 정원 박람회로 하는 것들은 좀 부족한 건 있지만 순천이 거의 완결판이라고 봐야 됩니다. 여기에서 시대의 변화에 따른 새로운 산업을 엮어서 미래로 나아가야지 똑같은 박람회를 할 수는 없거든요. 대표적으로 영국에요 그 유명한 가든들이 있는데 전통적으로 옛날 가든 모습을 지켜오는 CEO들이 다 해고되고 있습니다. 왜 시대가 변해가고 있는데 변하지 않고 있는 것에 대해서 사람들의 관심과 흥미가 떨어질 거 아닙니까? 그렇기 때문에 이런 것들은 10년 후를 지금 예측에서 A1급을 유치해야 된다 어쩐다 이런 것들은 어떤 분들의 정치적인 아이디어일지 몰라도 지금으로서는 고려하고 있지 않고 정책 결정은 시장이 해야 되는 겁니다.

윤형혁_ 정원박람회 이후에 이 국가 지원이 어떻게 변할 것인가 궁금해하는 분들이 좀 많은 것 같습니다. 그 부분은 어떻게 지금 계획을 세우고 계신가요?

노관규_ 지금까지 우리가 계획하고 조율하고 있는 것들은 박람회를 시작할 때부터 이미 미래를 설계를 하고 있었습니다. 순천은 정원이라든가 순천만이라든가 소위 아날로그적 성격이 강한 자산들을 많이 가지고 있지 않습니까? 이것을 바탕 위에서 디지털적인 요소를 플러스시켜서 새로운 미래를 창조해야 된다 하는 게 처음 시작할 때부터 제가 생각하고 있었던 것이거든요. 바로 이것이 소위 AI라든가 오락이라든가 아니면 게임이라든가 영화라든가 이런 것을 플러스시킨 K문화

콘텐츠 옷을 입혀서 새로운 세상을 여는 겁니다. 그 대표적인 것들이 애니메이션 사업들인데 이것과 합쳐져서 박람회장을 어떻게 운영할 것인지를 지금 최종적으로 조율을 하고 있습니다. 그래서 그중에서 서문 쪽은 완전히 이제 워케이션(Workcation) 센터라든가 이런 것이 오게 될 것을 대비를 해서 시민들에게 완전히 열어드리고, 동문 쪽은 이제 순천만과 좀 더 연결될 수 있는 여러 수단들을 강구를 해서 앞으로 지금 운영을 해야 되지 않을까 이런 생각들을 해보고 있습니다.

윤형혁_ 여론조사에서도 나왔습니다마는 이번 순천만정원박람회와 관련해가지고 많은 사람들한테 가장 인상적인 공간으로 기억된 곳이 오천 그린광장 또 그린 아일랜드였던 것 같습니다. 그러니까 어떻게 보면 이번 박람회의 상징이었던 곳인데 여기가 이제 당초에는 도로였었고 또 이게 이제 복원을 하느냐 마느냐 가지고 지금 얘기들이 좀 있는데 이 방향을 어떻게 좀 잡고 계시는지요?

노관규_ 이번에 만족도 조사를 했는데 가장 높은 점수가 지금 앵커에서 얘기하신 그 두 가지입니다. 9.1이 나왔습니다. 10점 만점으로 제일 높은 점수가 나왔거든요. 그래서 이거는 시민들께서 조금 이해를 해 주시면 3분 내지 5분 정도만 조금 더 여유 있게 하시면 이거는 아주 멋진 아이들과 우리들의 휴식 공간으로 돌아갈 수 있을 것 같습니다.

그래서 그 당시 제가 의회에서 최종적으로 답을 했던 게 박람회가 끝나고 시민들의 의사를 물어서 결정을 하겠다라고 했거든요. 근데 지금 뭐 10분 중에 최소 8분 이상들은 존치를 해서 시민들 이 정도 되는 도시에 삶의 질을 더 높이는 쪽으로 쓰여야 된다라고 하고 있기 때문에 그렇게 가는 것이 합리적이고 좋지 않을까 싶습니다. 그러면 이제 이것 때문에 조금 불편해질 분들에 대해서 어떻게 그 불편함을 덜어드릴까 하는 과제가 남아 있는데 이건 의회하고 좀 상의도 하고 그래야 될 것 같습니다.

윤형혁_ 그렇군요. 어찌 됐건 이제 뭐 도로로서 기능을 했던 부분이 이제 기능을 하지 못함으로 인해가지고 교통대책이랄지 이런 부분들은 이제 추가적으로 좀 만들어야 되는데….

노관규_ 맞습니다. 그렇게 좀 손을 봐야 될 것 같습니다. 신호 체계도 개선을 하고 지금 노상 주차장으로 쓰였던 부분들도 교통이 좀 원활할 수 있도록 한번 우리가 재고를 해봐야 되고 또 마을 앞에 이런 데 조금 좁은 길들은 조금 더 넓혀서 더 편리하게 해주는 여러 가지를 구사를 해야 될 것 같습니다.

윤형혁_ 앞서 이제 동문 쪽을 비롯해서 이제 유료 공간으로 남는 곳 그곳에 대해서 이제 문화콘텐츠들을 입히는 그 말씀을 좀 해 주셨는데 그 과정에 이제 한국판 디즈니랜드 얘기를 잠깐 하셨어요. 근데 이제 이 부분과 관련해가지고 많은 분들이 그 방향성과 관련해서 순천이 이제 미래 도시 전략으로 그쪽으로 애니메이션과 결합한 분으로 가나 보다라는 그런 생각들을 좀 하실 것 같은데 순천이 그런 어떤 기반들이 좀 있습니까?

노관규_ 많이 있죠 사실은. 요즘에 아마 도로에 나가시면 지역 국회

순천 글로벌 웹툰센터

구분	순천대	청암대	제일대
학과명	만화애니메이션학과	웹툰콘텐츠과	웹툰애니메이션과
개설	1996년	2021년	2022년
입학정원	24명(4년제)	30명(2년제)	25명(2년제)
교수진	6명	3명	3명
특징	국립대 최초 만화 전문학과	웹툰 특성화 학과	2D/3D콘텐츠 전문인력 양성
리쇼어링 기업유치	5개사 (씨디엠, 애니썬코리아, 로프트, 와이그램, 그리고봄)	2개사 (블루코믹스, 빌리버)	산·학 연계 커리큘럼 운영

지역 대학과 연계한 애니메이션 인력 양성체계 구축. 전국에서 유일하게 지역 대학 모두 웹툰·애니메이션 학과가 설치됨

의원이 붙여놓은 프랑카드를 많이 보셨을 겁니다. 순천시와 전라남도 문화체육관광부 기재부가 정말로 오랜 기간 숙의를 해 가지고 국회에 지금 애니메이션 사업에 사업비를 올려놨어요. 이거는 누가 뭐라 그래도 3월 31일날 개막식에 참석한 윤석열 대통령께서 챙겨주신 게 틀림이 없습니다. 왜냐하면 작년에 겨우 국비 150억짜리를 제가 2천억으로 사업을 올려서 그중에 4분의 1인 1차 연도 오픈을 이번에 거의 한 400억 가까이를 국회에 올려놨으니까요.

그런데 이 안에 이렇게 단순하게 사람들은 웹툰 제작 기지나 또는 테마공원, 테마파크 정도를 만들려고 하는가 보다 이렇게 생각하는데 그렇지 않습니다. 아시다시피 순천은 순천대, 제일대, 청암대가 다 이 관련 학과가 보유하고 있고 순천이 웹툰센터 그다음에 영상 미디어 센터 등 센터도 5개나 보유가 돼 있거든요. 그리고 지금 순천대학이 글로컬 30위에 들어 있는데 애니메이션을 중점적인 산업으로 해서 지금 심사를 받아놓고 조만간 발표가 될 겁니다. 그리고 지방시대위원회하고 지금 기회 발전 특구를 지금 만들려고 준비를 하고 있고 이렇거든요.

그러니까 이거는 AI 등 첨단 산업을 융합해 가지고 AI 데이터 허브도 구축하고, 창작자와 개발자도 양성을 하고, 앵커기업 본사도 이전을 해야 시켜야 되고, 제작 기지도 만들어내야 되고 순천 전체를 소위 애니메이션 산업 기지로 만들어야 되는 굉장히 큰 프로젝트입니다. 그런데 그중에서 우리가 이왕에 가지고 있는 순천만 국가정원 자체가 지금 이것에 관련된 대단히 큰 앵커 기업들이 아주 흥미롭게 관심 있게 보고 있거든요. 그러면 이들이 올 수 있는 여건을 만들어 가지고 이것 때문에 여러 기업들이 다시 오게 돼서 구도심이라든가 산업 전체를 새롭게 형성할 수 있도록 판을 짜줘야 되거든요. 이런 것들을 지금 고민을 하고 있습니다.

윤형혁_ 지금 이제 앵커 기업 말씀을 좀 하셨는데 그 기업들이 순천에 올 수 있는 여건 어떤 것들이 있을까요?

노관규_ 우선은 이분들이 원하는 건 수도권에서 여기에 오라 그러면 거기에 숙련된 사람들이 올 수 있는 주거 여건이 되느냐, 그다음에 여기에 있는 젊은 인력들을 충원할 수 있느냐, 그리고 여기가 관련된 센터라든가 자리를 잡을 수 있는 시설들이 있느냐, 그리고 마지막 최종적으로 예컨대 미국의 월트 디즈니나 일본의 디즈니랜드처럼 보여줄 수 있는 공간이 있느냐 등등 굉장히 여러 조건들이 있죠. 근데 순천은 바로 이들이 궁금해하는 애니메이션 성격이 강한 순천만이라든가 국가정원이라든가 이런 요소를 완벽히 갖춘 유일한 도시거든요. 그러니까 디지털적인 요소들은 우리가 센터도 있고 대학들도 존재하고 있고 하기 때문에 이건 앞으로 예산을 투입해서 뒷바라지를 하게 되면 이들이 자리 잡을 수 있는 굉장히 좋은 여건이어서 아주 흥미롭게 보고 있고 굉장히 많은 대화들이 오고 가고 있습니다. 아직 내년 중하반기쯤 되면 상장 정도 될 수 있는 앵커 기업들을 2~3개 정도 그리고 제작을 하는 35개에서 50개 정도의 업체들이 순천에 올 수 있도록 여러 가지 진행된 절차들을 하고 있다 이 말씀을 드립니다.

윤형혁_ 이제 순천만국제정원박람회가 시민들의 참여 세 축 가운데 시민들의 참여를 얘기를 하셨는데 이 순천의 미래 도시 전략과 관련해서도 시민들이 함께할 수 있는 부분들 좀 중요하지 않을까 싶은데요. 그 점에 대해서 좀 여쭤보고 싶은 게 순천시장님 계실 때는 아니었습니다마는 그림책 도시. 그림책이 또 애니메이션하고 연결되는 부분들도 좀 많이 있는 것 같은데 시민들이 함께할 수 있는 부분들은 어떤 것들이 좀 있을까요?

노관규_ 굉장히 중요한 지적입니다. 그래서 제가 정치권에 한마디를 진짜 좀 드리고 싶은 게 지금 이것이 이제 어느 정도 가시화를 되니까 어디 지역을 가야 된다라고 막 얘기들 하고 그러는데 그렇게 해서는 이거 실패하거든요. 지역 국회의원들도 자꾸 막 자료를 요구하고 해서 중앙부처에서 아주 성가시게 생각하거든요. 저는 좀 도와줬으면 좋겠습니다. 지금 얘기하신 그림책 도서관, 웹툰 센터 그다음에 영상 미디어 센터가 있는데 실질적으로 사람들이 시민들이 자기 생활하고 삶의 질과 동떨어지게 지금 생각하는 부분들이 많이 있거든요. 결국은 이것에 시민들이 가까이 가고 함께해서 공감대를 넓히는 게 굉장히 필요하게 됩니다. 이거는 결국은 지역 젊은이들이 이런 곳이 있음에도 불구하고도 창업을 하거나 아니면 여기서 영구적으로 일자리가 안 되기 때문에 수도권으로 다 가버리는 이런 부작용 때문에 그랬거든요. 그래서 이거는 순천대학교가 이번에 '글로컬 30'에 들면서 올해 확보된 예산을 지원을 해서 수도권으로 가지 않고 창작자, 개발자가 양성될 수 있는 시스템을 빨리 구축을 해야 됩니다. 그러면 여기에는 이제 시민들도 같이 마치 평생학습 코스처럼 참여할 수 있는 이런 것들을 풀어나가야죠.

윤형혁_ 지금 연향뜰, 국가정원이 있는 이곳에 지금 폐기물 처리 시설을 추진 중이지 않습니까? 그런데 이게 생태와 좀 맞지 않는 거 아니냐 이런 얘기들도 좀 있습니다.

노관규_ 프랑스는요 풍치지구인데 프랑스 파리를 둘러싸고 5개 소각장이 있습니다. 어떻게 설명하겠습니까? 그러니까 제가 반대하는 분들 목소리도 듣고 있는데요 전국이 똑같습니다. 제가 이거는 정치권에 있다가 분명코 이 방송을 통해서 말씀드리고 싶은 게 있습니다. 시민사회의 숙의를 거쳐서 권고안을 순천시는 충실히 이행하고 있고 또 의회의 승인을 얻어서 이 사업을 진행하고 있습니다. 이거는 단순하게 내 집 앞에서 좀 싫다. 이런 정도로 반대해 갖고 정리될 수 있는 부분이 아닙니다. 왜? 국가법이 2030년부터는 매립을 금지하고 있기 때문에 어딘가는 설치를 해야 되는데 이제는 남아 있는 게 소각밖에 남아 있지 않습니다. 그럼 에너지로 전환을 해야 되는 것이거든요. 원래 쓰레기 문제는 어떻게 되냐 생산하는 데서 처리하는 게 원칙입니다. 그런데 지금 온갖 이유를 대서 과학기술을 무시하고 대한민국 정부의 여러 가지 법을 무시해버리고 이런 얘기를 하게 되면 더 이상 할 말이 없는 거죠. 그래서 이거는 그렇게 해서 풀 문제가 아니고 저도 공청회도 하고 앞으로 할 겁니다. 이렇게 해서 의견을 듣고 걱정하는 부분들이 좀 더 줄어들 수 있도록 저희들이 잘 행정적인 여러 가지 조치들을 해가면서 문제를 풀어나가겠습니다.

윤형혁_ 중요한 사안인데 저희가 이제 오늘 박람회 얘기를 하다 보니까 이 부분에 대해서는 잠깐만 좀 건드렸고 나중에 좀 별도로 얘기할 시간을 좀 만들었으면 좋겠습니다.

노관규_ 아니 그래주셔야 됩니다. 왜냐하면 민주당이 장악하고 있던 데서 결정을 못하고 저한테까지 넘어와서 제가 지금 폭탄 돌리기에 폭탄을 안고 있는 형국이거든요.

윤형혁_ 박람회 이후에 대해서 지금 시민들은 많은 기대를 가지고 있는데 이와 관련해서 끝으로 지역민들에게 전하고 싶은 말씀이 있으면 1분 정도 말씀을 좀 해주시죠.

노관규_ 우리 순천 시민들이 이번에 정원박람회에서 보여준 순천이라는 도시의 저력은 우리가 스스로도 놀랄 정도로 대단했습니다. 이 에너지가 흩어지기 전에 우리는 미래로 나아가야 됩니다. 사실은 조금 저도 어려운 것들이 내년 4월 총선이 있어서 자꾸 지금 정치 세력들마다 다른 소리를 내고 있기 때문에 시장으로서 굉장한 정치력을 발휘해야 되는 아주 어려운 처지에 있습니다. 박람회를 잘 치르는 시민들답게 이왕 시장을 믿고 여러분들이 기다리고 참여해서 박람회를 치러냈기 때문에 앞으로의 일들도 그 바탕 위에서 힘을 합쳐서 같이 풀어나갔으면 좋겠다. 이런 부탁 말씀을 드리고 싶습니다. 그리고 감사하다는 인사를 전하고 싶습니다.

출처 : 순천KBS라디오(2023.11.09

순천파쿠게정원바람회
성공의 비밀 2023
바람의 비밀

시장에서 미술관까지
공간이 미술에 던지는 7개의 물음

2부

정원박람회, 시작에서 끝까지

2023 순천만국제정원박람회
성공의 비밀

개최 100일 전부터 10년 후의
미래를 설계하다

2023순천만국제정원박람회 개최 후 순천이 주도하는 새로운 도시 모델을 찾는 노력이 펼쳐질 전망이다.

(재)순천만국제정원박람회조직위원회(이사장 노관규)는 시청 소회의실에서 2023순천만국제정원박람회 사후활용계획 수립 용역 착수보고회를 개최했다고 2022년 12월 6일 밝혔다.

용역은 ▲박람회 관련 시설의 사후 활용 ▲정원 후방산업 육성 ▲정원문화 확산 ▲정원 도시 도약 등 순천시 도시 발전 모델 마련에 초점을 두고 진행된다.

2023정원박람회는 2013년에 이어 10년 만에 개최되는 만큼 완전히 달라진 모습을 꾀하고 있다. 박람회장은 국가 정원을 넘어 순천만습지, 도심까지 확장해 '삶 속의 정원'을 선보일 예정이며, 시대 흐름에 맞는 웰니스 콘텐츠를 대폭 보강한다. 이를 통해 다시 한번 전 세계에 미래도시가 나아가야 할 기준과 방향까지 제시한다는 복안이다.

또 박람회 개최 이후 국가 정원의 합리적인 운영과 지속적인 성장을 끌어낼 방안을 제시하고 정원박람회를 통해 새롭게 조성되는 어싱길, 가든스테이, 정원체험선, 리버가든, 물 위의 정원 등 핵심 시설물에 대해 체계적이면서 전문적인 사후 활용 방안을 모색할 계획이다.

용역의 완성도를 높이기 위해 시설관리·활용, 정원후방산업, 정원도시 등 3개 분야 24명으로 구성된 민관 합동 지원TF도 함께 운영한다.

보고회는 정원 확장에 따른 도시 전체 공간계획의 중요성, 국가산업과의 연계성, 도시발전의 방향 등에 대한 토론도 진행됐다.

노관규 이사장은 "국가 정원이 10년 만에 대대적으로 리뉴얼되고, 박람회장의 범위가 도심까지 확장된 만큼 향후 공간 활용이 중요하다"며 "도시계획·관광·문화·산업·일자리까지 고려한 폭넓은 용역을 추진할 필요가 있다"고 말했다.

이어 "지역의 자원과 시대의 흐름을 종합해 '남해안 벨트의 허브 도시'와 같은 지역의 미래 모습이 담긴 혁신적인 방안이 많이 모색되길 기대한다"고 말했다.

2023순천만국제정원박람회는 '정원에 삽니다'를 주제로 2023년 4월 1일부터 10월 31일까지 국가 정원, 순천만습지, 도심 일원에서 개최된다.

출처 : 뉴시스(2022.12.06.)

D-100일,
킬러 콘텐츠 전략을 수립하다

김유석 기자(이하 김유석)_ 2023순천만국제정원박람회를 100여 일 앞두고 순천시는 분주한 모습입니다. 그래서 오늘은 노관규 순천시장과 초대해서 시정의 이모저모, 묻도록 하겠습니다. 어서 오세요.

노관규 순천시장(이하 노관규)_ 안녕하십니까? 오랜만입니다.

김유석_ 박람회가 100일 정도 남았습니다. 많이 바쁘시죠.

노관규_ 시간을 누가 돌리고 있는거 같아요. 시간이 짧게 남아서 오늘도 메뚜기처럼 현장도 가고 또 안에 들어와서 회의도 하고 그러다가 왔습니다.

김유석_ 박람회 현장 가보니까 일부는 공사가 진행 중이더라고요.

노관규_ 제가 취임을 한지 6개월 정도 되지 않았습니까? 굉장히 중요한 게 뭐냐면 '이 박람회를 왜 하느냐'입니다. '정원에 삽니다'가 주제인데 처음에는 국가 승인을 받고서 460억 원 정도 받았거든요. 그런데 그거 가지고는 안되거든요. 박람회를 하는 이유가 결국 미래도시를 상상하고 시대의 변화와 수도권에 생기는 모든 부작용들을 읽어가면서 남해안 벨트의 허브 기능을 어떻게 하면 순천, 여수와 광양까지 합쳐지게 할 수 있겠느냐에 초점을 맞추면서 박람회를 준비했거든요. 그럼 상당히 많은 비용이 들어갈 수밖에 없고, 공간 구성부터 주요 콘텐츠가 바뀔 수 밖에 없는 겁니다. 국가정원을 새롭게 리뉴얼하는 형태로 가고 있습니다.

김유석_ '킬러콘텐츠'만 꼽는다면?

노관규_ 사실 모든 콘텐츠가 '킬러'거든요. 그동안에는 과거의 정원을 보여주는 것이었다면, 이제는 삶 속으로 끌어오는 것이기 때문에 정원이 완전히 달라지는 거죠. 정원에서 순천만 그리고 시내 재해시설로 썼던 저류지까지, 둔치 정도만 애용했던 동천을 뱃길로 바꾸는 것까지 굉장히 넓어지고, 농경지였던 곳이 이제 경관농업으로 바뀌기 때문에 사실은 박람회장이 어마어마한 면적으로 넓어진 겁니다. 모든 것들이 제가 들어와서 새롭게 하는 것들입니다. 그러다 보니까, 시간이 급하고 우리 공무원들도 다들 아마 죽을 지경일 겁니다.

김유석_ 그동안 코로나19로 관광이 주춤했잖아요. 어떤 전략을 세우세요.

노관규_ 사실 걱정도 되고 기대도 됩니다. 그동안 제한됐던 것들이 완전히 풀리다 보니까 내년에 훨씬 더 많이 올 수도 있다는 생각이 듭니다. 소위 '웰리스 시대'를 맞이하고 있지 않습니까? 고객을 위한 전략 1번은 현장을 잘 만드는 겁니다. 왜냐하면 상품과 품질이 일단 좋아야 누가 오니까요. 그래서 현재 다양한 홍보 전략들을 구사하고 있습니다. 조직위도 정비해서 내년부터는 전국적으로 홍보도 확대할 것이고 전 국민을 타깃으로 계층별, 시기별로 단계적으로 해나갈 겁니다. 요즘에 가장 중요한 것이 MZ세대거든요. 이분들을 겨냥할 매체들을 적극 활용할 생각입니다. 그리고 각 지자체와 전국의 교육청, 교육기관 또 여행업, 협회 또 유관기관들과 연계해서 굉장히 많은 것을 하고 있다는 말씀을 드립니다. 전국 지자체만 하더라도 한 35개 정도가 오게 돼 있으니까, 쓸 수 있는 전략은 다 써서 대한민국 국민들이 오실 수 있도록 하고 해외에도 관광공사라든지 여러 기관을 활용하고 있다는 말씀을 드리고 싶습니다.

김유석_ 박람회를 열심히 준비하는 과정에서, 푸드트럭 이전 그리고 또 4차선 강변도로 폐쇄 조치가 있었는데, 시민들과의 소통이 아쉬웠다는 반응도 나와요.

노관규_ 그런 의견이 일부 있는 것을 저도 듣고 있습니다. 그런데 사실은 제가 행정을, 시장을 세 번 해보니 반대를 하는 분들은 1년이 가도 반대합니다. 이런 부분들도 아예 밀어붙인 것은 아니고 유예기간을 줘서 이야기했거든요. 예전에 차가 다니는 도로였던 그린 아일랜드도 박람회장을 저류지로 정하는 순간에 기존 국가정원하고 연결할 수 있는 통로가 없어요. 그러면 대책은 강과 도로 밖에 없거든요. 필연적으로 이렇게 할 수 밖에 없는 것인데 아무 대책을 안 세우고 생각을 안 했던 거죠. 다소 부작용은 있지만 1월 1일 해맞이 행사를 여기서 할 거예요. 아마 보시면, 왜 이걸 했는지 깜짝 놀라실 거라고 생각합니다. 그리고 푸드트럭은 처음 만들 때부터 논란이 많았던 사업이거든요. 푸드트럭이 있던 장소가 하천 부지입니다. 하천 부지를 계약할 때 공공의 목적으로 일을 하게 되면 서로 계약을 해지해서 할 수 있도록 내용이 돼 있거든요. 앞으로 두고는 봐야 되겠지만, 경관농업도 있고 또 (국가정원)동문 출입구의 주동선이고 해서 괜찮을지 않을까 하는 생각을 조심스럽게 해보고 있습니다.

김유석_ 최근에는 순천만잡월드와 순천만 국가정원에서 일하던 분들이 순천시청에서 천막 농성을 벌이고 있잖아요. 어떤 상황입니까?

노관규_ 이건 정확하게 알려드려야 될 것 같습니다. 두 시설 다 정상적인 법과 조례에 의해서 수탁을 받은 회사들이 있습니다. 거기에 고용된 분들입니다. 그러니까 순천시와 직접적인 고용 관계가 존재하지가 않습니다. 만일 잡월드나 국가정원이 이분들을 고용하는 데 문제가 있다면 노동청으로 먼저 가셔야 됩니다. 고발을 하고 해야 될 거 아닙니까. 손해배상을 해야 되는 건데 안 합니다. 그리고 순천시에 와서 하면 순천시가 법적인 권한도 없는데 어떻게 나서서 하겠습니까? 처음에는 직접 고용을 주장 했거든요. 직접 고용해달라는 것은 나중에 결국 준공무원 대우를 해달라는 거냐고 하다 보니까, 어느 순간에 바꿔서 이제는 상시고용으로 바꿨거든요.

김유석_ 지금까지 노관규 순천시장이었습니다.

출처 : 노컷뉴스(2022.12.20.)

세계적인 환경수도를
벤치마킹하다

전남 순천의 미래 청사진 제시를 위해 7일 간의 일정으로 국외 선진지 견학에 나선 노관규 순천시장이 세계적인 환경도시인 '프라이부르크'를 방문해 친환경 도시정책을 하나 하나 살펴보고 2일 차 독일 생태도시 견학을 마쳤다.

프라이부르크시는 1970년대 원전 반대 시민운동을 시작으로 50년 간 도시관리 전반에 걸쳐 그린시티 정책을 지속적으로 펼쳐오고 있다. 자동차보

다 '도보, 자전거, 대중교통'을 이용하는 생태교통정책이 제자리를 잡아 현재는 친환경 교통 분담률이 70%에 이르고 있고, 도시 전체의 70%를 녹지로 엄격하게 관리하여 프라이부르크는 유럽의 허파라 불린다. 또 시민 주도로 에너지 자립마을을 만드는 등 빛나는 시민의식이 돋보이는 프라이부르크는 현재 독일 국민이 가장 살고 싶어 하는

독일 생태도시 견학. 바람길이 트인 도시에 서자 사람의 숨도 탁 트이는 것을 느꼈다.
오천 그린광장과 그린아일랜드 조성 후 운영 방향을 고민하고 있었는데,
그 해법을 발견했다. 그늘과 편의시설을 착실히 보완해서 공연 시에는 관람석이자,
반려견에게는 놀이터이자, 아이들에게는 해방구 역할을 수행하는 시민의 공간으로
탄생시키겠다.

도시 1위로 꼽힌다. 2017년 22만 명이었던 작은 중소도시의 인구가 5년 새 6만 명이 늘었고 현재도 이사를 오고 싶어하는 독일 국민, 환경수도를 배우러 오려는 세계 각지의 학생들이 줄을 잇고 있다.

노관규 순천시장은 이날 프라이부르크 미래연구소장 '아스트리드 마이어(Astrid Mayer)'와 만나 프라이부르크의 친환경 정책과 순천시의 생태정책을 공유하는 시간을 가졌다. 프라이부르크 미래연구소장은 "지구가 기후변화에 몸살을 앓고 있는데, 프라이부르크는 2050년보다 훨씬 앞선 2038년에 탄소제로 도시가 될 것이다. 우리는 녹지를 확충하고, 에너지를 자립시키고, 사람이 걷기 좋은 도시를 만들었을 뿐인데 인구가 늘고, 독일인이 가장 사랑하는 도시가 되었다"고 말했다. 또 "프라이부르크 사례를 보고 순천시가 생태도시로 변신한 것이 무척 감명깊었다. 기회가 되면 2023순천만국제정원박람회도 꼭 방문하고 싶다"며 순천의 생태도시 행보에 반가움을 드러내기도 했다.

면담 후 노관규 시장은 "프라이부르크는 도시규모가 순천시와 비슷하고, 지향하는 가치도 같다. 15년 전 생태수도를 선언할 때 롤모델이 프라이부르크였다. 도시를 숲과 꽃과 물에 풍덩 빠뜨린 도시관리 정책과, 사람 중심의 생태교통정책도 순천형으로 잘 도입하겠다"고 말했다. 평소 출·퇴근 시에도 자전거를 즐겨 타는 것으로 알려진 노관규 시장은 프라이부르크에서 직원들과 직접 자전거를 타며 환경수도 교통정책을 몸소 체험했다. 노 시장은 "프라이부르크 사례에서 보듯 순천시의 대자보(대중교통, 자전거, 도보) 정책은 단순한 환경 정책이 아니라 교통사고 감소, 상권 활성화까지 내다보는 도시기획"이라고 밝히면서, "시민들이 걷고 싶은 도시, 안전하게 자전거를 탈 수 있는 길, 순천형 대중교통 도입 등 대자보 생태교통정책으로 빠르게 전환하겠다"고 밝혔다.

3일 차에는 독일 연방 정원박람회(2023BUGA)가 열리는 만하임을 방문해 양도시의 정원박람회 성공개최를 위해 상호 홍보·협력하는 시간을 가질 계획이다. 이번 견학은 순천과 비슷한 시기에 독일연방정원박람회(BUGA23)를 개최하는 '만하임'을 포함, 독일의 선진 도시 다섯 곳을 돌아보고 순천의 주요 현안과의 접목점을 찾기 위해 5박 7일 일정으로 준비됐다.

앞서 노관규 시장 일행은 '바람길'로 유명한 슈투트가르트를 찾았다. 이곳의 바람길은 애니메이션 <이웃집 토토로>에 삽입된 히사이시 조의 연주곡 '바람이 지나가는 길'을 떠올리게 한다. 숲의 수호신 '토토로'가 살고 있을 법한 깊은 산에서 만들어진 시원한 바람이 슈투트가르트의 도심숲까지 불어오기 때문이다.

독일 남부의 대표적인 공업도시이자 분지 지형인 슈투트가르트는 대기오염·공기순환 문제로 몸살을 앓았지만, 1930년대부터 바람길을 연구하고 이에 맞춰 도시계획을 시작했다. 바람길을 막지 않는 건축·조경 가이드라인을 만들고, 44년간 다섯 번의 정원박람회를 거치며 아홉 개의 도시공원을 U자로 연결했다. 8km에 달하는 거대한 도심숲이 완성되자 시민들은 3시간 이상 자동차를 만나지 않고도 녹지를 거닐 수 있게 되었고, 미세먼지와 폭염, 공기 순환 등 도시의 고질적인 문제도 해결됐다.

순천시 일행은 바람길숲을 이용하고 있는 슈투트가르트 주민을 직접 만나, 바람길숲은 주민들에게 어떤 의미인지, 또 바람길숲 조성 이후 도시는 어떻게 변화되었는지 물었다. 아이와 산책을 하다 인터뷰에 임해준 슈투트가르트 주민은 "바람길숲은 일상에 지친 우리에게 새로운 생기를 불어넣는 중요한 곳이다. 시 차원에서 나쁜 공기를 개선하기 위해 많은 노력을 하고 있고, 특히 BUGA박람회를 통해 많은 것이 좋아졌다고 느끼고 있다"고 말했다. 슈투트가르트는 '바람길'이라는 하나의 합의점을 바탕으로 장기적이고 일관된 도시 계획을 설계하면서 공업도시의 오명을 벗어던졌다.

순천시 또한 2023순천만국제정원박람회를 준비하며 동천을 축으로 순천만습지와 국가정원, 도심을 연결하는 '(가칭)정원가도' 프로젝트를 준비 중이다. 국가정원과 도심을 분리하던 아스팔트 도로 위에 잔디를

간 '그린아일랜드'가 하나의 본보기다. 이처럼 박람회를 통해 도시 내에 점처럼 흩어져 있던 녹지들을 잇고, 장기적인 녹지축 확대의 시작점으로 삼겠다는 구상이다. Green U 도시숲을 시찰한 노관규 시장은 "바람길이 트인 도시에 서자 사람의 숨도 탁 트이는 것을 느꼈다"면서 "오천 그린광장과 그린아일랜드 조성 후 운영 방향을 고민하고 있었는데, 오늘 그 해법을 발견했다. 그늘과 편의시설을 착실히 보완해서 공연 시에는 관람석이자, 반려견에게는 놀이터이자, 아이들에게는 해방구 역할을 수행하는 시민의 공간으로 탄생시키겠다"고 강조했다.

출처 : 쿠키뉴스(2023.02.21.)

노관규 시장의 오랜 꿈,
'생태 수도'를 만나다

서울에서 자동차로 다섯 시간을 달려 도착한 전라남도 순천시는 곳곳에서 봄 단장을 위한 공사로 분주했다. 순천만 습지와 국가정원, 도심을 가로지르는 동천(東川) 일대에서 작업 중인 인부들은 구슬땀을 흘렸다. 4월 1일 개막하는 '2023 순천만국제정원박람회'가 코앞이었다.

순천만국제정원박람회는 2013년 첫 행사를 치른 뒤 10년 만에 열린다. 코로나19 대유행 이후로는 처음 열리는 대형 행사다. 지역 발전의 마중물이 되리라는 시민들의 기대가 큰 것은 당연했다. 그중에서도 노관규(63) 순천시장의 소회는 남다르다. 노 시장은 정원에 대한 인식이 부족했던 10여 년 전 처음으로 '정원도시'라는 개념을 제시했다. 노 시장의 비전은 순천만 정원이 국가정원 1호로 지정받으면서 현실화했다. 2013 국제정원박람회를 앞두고 시장직을 내려놨다가 10여 년 만에 돌아온 그에게 국제정원박람회는 소명이나 다름없다.

아스팔트 도로와 재해시설이 정원으로 탈바꿈

인터뷰를 위해 3월 11일 오후 국가정원에서 만난 노 시장은 연일 지속한 강행군 때문인 듯 왼쪽 눈동자의 실핏줄이 터져 눈이 붉게 충혈됐다. 그런데도 "개막이 다가올수록 오히려 긴장되고 설렌다"고 말했다. 인터뷰에 응하는 그의 목소리는 자신감에 차 있었다.

기자_ 10년 만에 국제정원박람회를 직접 준비하는 소감이 남다르겠다.

노관규_ 2013년 국내 첫 국제정원박람회를 기획할 때에는 어려움도 많았다. 반대도 있었고, 업무를 맡을 소관부처를 찾기도 힘들었다. 그런데 10년 후 다시 박람회를 개최하게 됐다는 건 그 노력이 헛되지 않았다는, 순천의 선택이 옳았다는 의미라고 생각한다. 특히 코로나19 팬데믹 이후 처음으로 최장 기간 치르는 야외 행사라 힐링이 필요한 전 국민이 기대하고 계실 거라고 본다. 정말 잘 치러내고 싶다.

기자_ 2013년 박람회와 어떻게 달라졌나?

노관규_ 2013년 박람회는 순천만 보존을 위한 에코벨트 개념이었다. 경험도 거의 없어서 유럽 등 선진 도시의 정원을 모방하는 식이었다. 10년 동안 밖에 있으면서 철학자 최진석 교수와 '섬진강인문학교' 운영을 같이 해보고, 독일을 비롯해 세계 여러 나라의 정원과 박람회장을 다녀봤다. 그런 경험이 쌓이자 공간을 보는 눈이 생겼고, 이제는 순천의 고유함이 담긴 창조적인 박람회를 만들어보자는 생각에 이르렀다. 이전과는 완전히 다른, 새로운 박람회로, 10년 전과는 분명 다른 감동을 선사할 생각이다.

노 시장은 과거를 답습하지 않고 창조하려면 전체 과정을 경험한 인물이 필요하다고 봤다. 그래서 2013년 박람회 때 추진단장과 조직위원회 사무국장으로 실무를 총괄했던 최덕림 전 순천시 국장을 총감독으로 다시 영입했다. 노 시장은 "이번 박람회에서 총괄 디자이너는 바로 나"라며 자신의 별명을 '노 작가'라고 소개했다. 박람회의 과거와 현재, 미래의 밑그림이 자신의 작품이란 자부심이 은근히 묻어났다.

미래 도시가 가야 할
이정표 제시하는 기회

기자_ 박람회장을 찾은 관람객들에게 무엇을 보여주고 싶은가?

노관규_ 단순히 꽃과 정원을 구경하는 박람회가 아니다. '도시가 이렇게 만들어져야 사람이 행복하구나' 하고 느낄 수 있도록 미래 도시의 새로운 해답을 제시하는 장이다. 저류지가 어떻게 정원이 되어 멸종위기종인 노랑부리저어새를 도심까지 불러올 수 있는지, 몇 달 전까지 자동차가 달리던 아스팔트 도로가 어떻게 푸른 정원이 되어 차보다 사람이 우선하는 도시를 만들 수 있는지 보여드리는 거다. 무엇보다 이런 일을 가능케 한 순천 시민의 품격을 보여주고 싶다. 이런 혁신적인 시도는 시민의 협조 없이는 불가능했기 때문이다. '정원에 사는' 시민의 모습이 얼마나 사람답고 행복한지 보여줌으로써, 이게 도시의 정석이구나 하는 걸 느끼게 하고 싶다.

기자_ 아파트와 빌딩숲에서 생활하는 도시민에게 정원의 개념은 익숙지 않은 게 사실이다.

노관규_ 우리가 정원문화에 익숙하지 않아 그렇다. 전통적으로 한옥은 지붕을 길게 빼서 실내가 어둡다. 최대한 많은 빛을 받으려면 마당을 비워서 빛이 반사되도록 해야 한다. 궁궐이나 사찰의 대웅전, 고택의 앞마당을 비우고 화단을 건물 뒤로 빼는 이유다. 하지만 이젠 주거문화와 양식이 서구식으로 바뀌었다. 과거엔 개인의 공간이었던 정원을 시민들의 쉼터로 확대한 게 바로 국가정원이다. 처음에는 외국 것을 모방하고 에코벨트 역할로 만들었는데, 이제는 정원의 표준이 됐다고 할 수 있다.

기자_ 최근 정원박람회가 열린 독일 만하임을 방문하고 왔던데, 어떤 영감을 얻어왔는지 궁금하다.

노관규_ 독일은 정원박람회 역사가 150년에 이른다. 그만큼 잘하는 나라다. 도시마다 돌아가면서 박람회를 개최하는데, 이때 박람회를 도시 구조를 바꾸는 수단으로 활용한다. 인간은 일하고 먹고 자기만 하는 존재가 아닌데, 우리는 소득 3만 달러가 넘으면서도 삶의 질은 그리 중요하게 여기지 않는 것 같다. 독일은 오래전부터 사람이 어느 정도 경제 수준이 갖춰지고 나면 정원을 가꾸고 공원에서 여유를 누리며 창조적인 생활을 향유하는 나라다. 이번 방문에서 박람회 사후 활용에 대한 영감을 많이 얻었다. 동시에 우리 박람회에 대한 자신감도 갖게 됐다. 앞서 소개한 가든스테이, 그린아일랜드, 저류지 정원, 정원드림호 등은 독일에도 없는 콘텐트다. 언젠가 순천이 우리 고유의 정원문화와 도시 기획을 역수출할 수도 있겠다는 꿈을 갖게 됐다.

순천만 갯벌 되살려
해양국가정원 지정 추진

기자_ 노 시장의 정원 예찬이 이어졌다.

노관규_ 요즘 화두로 떠오른 탄소 제로나 ESG 경영은 모두 정원과 맞물려 있다. 연간 4000만 명이 찾는 뉴욕 센트럴파크를 만들 때만 해도 미국의 도시 거주자 비율이 5%에 불과했다. 센트럴파크를 조성할 때 반대가 심했다. 지금은 경제 순환의 엔진이자 문화예술의 집결지가 됐다. 도시인의 정신 건강을 책임지는 게 바로 정원이다. 인도의 시인 타고르가 이런 말을 했다. '어리석은 사람은 서두르고, 영리한 사

가든스테이

람은 기다리지만, 현명한 사람은 정원으로 간다.' 센트럴파크를 만든 조경가 프레드릭 로 옴스테드는 '이 공원을 만들지 않으면 100년 후에 이 정도 크기의 정신병원을 만들어야 한다'고 했다. 정원의 효과는 그만큼 중요하다.

기자_ 중세에 만들어진 유럽의 궁중 정원은 본래 절대 권력의 상징이자, 차별의 경계였다. 순천만정원이 가진 독창성은 무엇일까?

노관규_ 유럽에서 정원을 만들던 시대는 절대 왕권을 강조하던 때였다. 좌우로 나누고 직선으로 구분해 힘을 과시하는 직선적인 설계가 주를 이뤘다. 하지만 순천만정원은 직선 대신 굴곡으로 이뤄졌다. 원래 있던 시설 중에 찰스 젱스가 만든 '순천동산'이란 정원만 빼고 나머지를 거의 리뉴얼했다. 정원에서 하룻 밤 머무르는 '가든 스테이'도 할 수 있다. 정원은 보기만 하는 것이란 관념을 깬 시도다. 도시와 습지, 바다를 잇는 정원을 가진 곳은 순천이 유일하다. 더 나아가 순천만의 간척농지를 다시 갯벌로 바꾸는 작업을 추진하고 있다. 갯벌을 되살려 국가해양정원을 만들기 위해서다. 국가해양정원과 국가정원이 갖춰지면 지금까지 없었던 전혀 새로운 형태, 기후변화에 대응하는 도시의 모델이 될 수 있다. 우리가 미래도시의 새로운 이정표를 제시하는 셈이다.

기자_ 이번 정원박람회가 지역 경쟁력을 끌어올리는 데 어떤 역할을 할 거라고 기대하나?

노관규_ 이번 박람회 슬로건인 '정원에 삽니다'는 정원을 삶 속으로 끌고 간다는 의미를 담고 있다. 우리나라는 정치적 힘과 인구, 일자리, 인프라가 수도권에만 몰리는 일극체제다. 거기서 온갖 부작용이 생겨난다. 이걸 어딘가에 분산해야 하는데, 그 대극점이 남해안 벨트다. 부산에서 목포에 걸친 남해안 벨트의 중심이 순천이고 여수다. 허브 기능을 하기에 제격인 도시다. 웰니스 시대에 걸맞은 고유한 도시의 모습을 만들어야 경쟁할 수 있다. 도시 구조를 바꿔야 하는데, 대도시를 흉내 내는 중소도시는 생존할 수 없다. 정원박람회가 새로운 도시 모델의 이정표가 될 것이라고 재차 강조하는 이유가 여기에 있다.

수도권 집중 부작용 극복할
남해안벨트 허브도시 육성

   노 시장과의 인터뷰는 새 단장 공사가 한창인 국가정원 곳곳을 돌아보면서 진행했다. 전에는 자동차도로로 단절됐던 구도심과 국가정원이 잔디길과 물길로 연결됐다. 동천에 떠다닐 유람선을 타면 시내에서 국가정원을 오갈 수 있다. 아스팔트를 걷어낸 잔디길은 동천변을 따라 마치 서울의 한강공원처럼 도시로 연결된다. 도시로 확장된 국가정원은 '한 평 정원', '한 뼘 정원'으로 이어져 그물망처럼 도심 곳곳을 이어줄 터다. 노 시장은 "순천 어디서든 누구나 정원을 마주할 수 있는 도시로 만드는 게 내 꿈"이라고 했다.

기자_ 순천이 이끄는 미래 도시의 모습이 궁금하다.

노관규_ 내 경험에 비춰보면 수도권에 살면 편리하긴 해도 행복하진 않다. 편하다는 말은 행복과 동의어가 아니다. 조금 불편해도 진짜 행복한 길로 가야 한다. 순천은 수도권 대도시와는 근본적으로 다른 도시다. 수도권에서 기꺼이 편리함을 버리고 올 수 있는 도시를 꿈꾼다. 대한민국 수도는 서울이지만, 생태수도는 순천이다. 대한민국의 미래, 도시의 미래를 내다볼 수 있는 위치에서 진짜 시민의 행복을 구상하는 도시가 될 거다. 그래서 전국에서 그 전략과 모습을 배우러, 또 살러 '올라오는' 도시가 될 거라고 자부한다.

기자_ 이번 박람회가 지역 발전에 미칠 경제적 효과와 파급력에 대한 기대감도 상당하다.

노관규_ 박람회의 경제적 효과는 엄청나다. 대외경제정책연구원의 타당성 조사로 나타난 생산 유발 효과만 1조5926억원에 달하고, 부가가치가 7156억원에 이른다. 고용 창출도 2만5000여 명에 이른다. 관광객이 몰려와서 식당 한 곳이 종업원을 열 명씩 늘리면 열 곳이면 100명, 100곳이면 1000명이다. 그만한 종업원을 가진 기업을 유치하는 게 어디 쉬운 일인가? 이처럼 수치적인 효과보다 중요한 건 이번 박람회가 순천의 도시 구조를 바꾸는 분기점이라는 것이다. 이제는 웰니스와 메타버스 시대다. 사람들은 장소에 구애받지 않고 자유롭게 일하면서 행복하고 건강한 삶을 추구하게 될 거다. 이번 박람회를 기점으로 여수·광양·보성·고흥 등 남해안 벨트 인접 도시들과 함께 새로운 시대에 걸맞은 도시의 표준 모델을 보여드리겠다.

지역 경제 파급효과
주변 지자체도 기대 커

기자_ 지자체마다 소멸 위기 극복이 생존의 화두가 됐다. 이 위기를 극복할 복안이 있는지 궁금하다.

노관규_ 재차 강조하지만, 지방 소멸 문제는 수도권 일극체제에서 비롯됐다. 순천도 피할 수 없는 흐름이다. 결국 균형발전의 위기를 해결해줄 수 있는 유일한 대안은 남해안 벨트다. 우리는 남해안 벨트의 허브 도시로서 이 위기에 대응하는 도시계획을 구상하고 있다. 그중 하나가 '대자보 도시'다. 순천 인구 30만에 차량이 15만대다. 차가 사람의 자리를 다 차지하고 있다. 이제 대중교통, 자전거, 도보 친화적인 환경을 조성해 차 없이도 편한 도시로 갈 거다. 도심까지 들어온 박람회 녹지 축을 계속 확장하면서 이 축이 교차하는 지점마다 시민이 모이고 화합하는 광장을 조성할 계획이다. 이 외에도 복합쇼핑몰과 원도심 르네상스 사업, 글로벌 웹툰센터, 스마트팜 조성 등 필수 인프라도 준비 중이다. 핵심은 대도시를 흉내 내지 않고 작지만, 도시만의 특색이 분명한 차별화된 지방 도시의 표준을 만드는 데 있다.

기자_ 벌써 세 번째 시장 임기다. 이번에 취임할 때부터 줄곧 '창조', '화합', '생태'를 주요 키워드로 강조해온 것으로 안다. 시장께서 디자인하려는 순천의 미래상은 어떤 모습인가?

노관규_ 순천은 일찍이 생태가 경제를 견인할 수 있다는 걸 증명한 도시다. 우리가 10년 전에 개척한 국가정원을 지금은 전국에서 지정 받으려고 경쟁하고 있다. 코로나19를 지나면서 정원, 공원이라는 웰니스 인프라의 중요성을 깨달았기 때문이다. 우리는 먼저 걸어왔던 길이기 때문에 언제든지 우리의 경험을 나눠 상생과 화합의 가치를 실현할 거다. 혁신하고 창조하는 도시의 표본, 그 전략을 수출하고 나눠줄 수 있는 도시의 모습이 순천의 미래다. 이걸 한마디로 '순천하세요!'라고 표현할 수 있다. '도시는 순천처럼 만들어야 한다'고 당당히 선언할 수 있는 도시가 될 것이기 때문이다. 더 나아가 순천만을 포함한 여자만 일대를 국가해양정원으로 조성하려 한다. 그렇게 되면 순천은 내륙과 해양의 국가정원을 동시에 가진 세계에서 유일한 생태 도시로 거듭날 거다.

출처 : 월간중앙(2023.03.17.)

D-7일 "4월에는 순천하세요" 준비 박차

정윤심 아나운서 (이하 앵커)_ 10년 만에 열리는 순천만국제정원박람회 정원에 삽니다. 이런 주제로 4월 1일 개막합니다. 손님 맞이 준비가 한창인 순천시 노관규 시장 오늘 연결하겠습니다. 시장님 안녕하십니까?

순천시 노관규 시장 (이하 노관규)_ 네, 안녕하세요. 반갑습니다.

앵커_ 올해, 유일한 정부 공인 국제 행사잖아요. 박람회가, 정원에 삽니다. 이런 주제인데 어떤 의미가 담겨 있는 거예요.

노관규_ 사실은 저희들이 이제 10년 전에는 순천만을 보전하기 위해서 에코벨트 개념으로 정원박람회를 했었거든요. 그런데 지금은 우리 소득 수준이 지금은 3만 불이 넘어간 데다가 시대 자체가 웰리스와 메타포스 시대로 바뀌었습니다. 정원을 보는 것만으로는 사람들의 양에 차지 않습니다. 10년 전과 달리 지금은 바로 새로운 도시 앞마당에 저어새가 올 정도로 지금 정원이 깊숙이 들어왔거든요. 그러기 때문에 이제 우리가 앞으로 생각하는 정원은 단순하게 그냥 꽃 보고 잠시 가서 쉬고 이러는 것이 아니라, 이제 기후위기의 대비도 하지만 또 자기 개인 집 앞에 들어와서 이제는 내 집 앞에 따로 내가 정원을 꾸미지 않더라도 이게 바로 이제 우리 정원처럼 이렇게 이용할 수 있는 이런 시대로 바뀌어야 하고 우리도 또 그렇게 준비를 해서 이번에 보여드리고 있습니다.

앵커_ 그렇게 이제 정말 미래의 도시 정원의 모습을 보이고 또 새롭게 선보이는 그런 콘텐츠들이 다양하다 이렇게 듣고 있는데 어떤 점들을 강조한 정원들을 만날 수 있습니까?

노관규_ 사실은 이제 자주 언론이나 전문가들이 물어보는 게 킬러 콘텐츠가 뭐냐고 물어보거든요. 정원은 사실은 거기에 있는 풀 한 포기도 그냥 이렇게 심어진 게 없거든요. 다 이유가 있어서 그 자리에 있는 거거든요. 그럼에도 불구하고도 이번에 우선은 면적 자체가 160만 평입니다. 돈을 받고 보여주는 박람회장이 한 60만 평 정도 되고요. 나머지는 이제 과거에 우리가 농경지로 1년에 농사 한 번 짓던 데도 경관 정원으로 100만 평 정도는 그냥 보여드릴 겁니다.

앵커_ 그냥 보여주는 게 100만 평, 돈 내고 봐라 60만 평

노관규_ 맞습니다. 특히, 이번에 여기는 목포해양대학교 총장님 도움을 받아서 우리나라에서 처음으로 지금 이게 전기 배터리로 20인승

유람선을 만들었거든요. 우리나라 처음입니다. 이것도 그래서 지금 순천에 하는 박람회가 전남 전체 권역들이 다 합심해서 하고 있고 그런 상태고요.

앵커_ 기대가 되고요. 이번 개막식에 보니까 초청 인사들이 다양해요. 해외에서도 오고 이런가요?

노관규_ 맞습니다. 왜냐하면, 당연한 이게 국제정원박람회 아닙니까. 그래서 일단은 세계에서 꽃과 화훼에서는 가장 유명한 단체가 AIPH인데, 여기에서 이제 승인을 해주는 행사이기 때문에 당연하게 많은 분들이 오시고 또 지금 이미 독일에서도 학생들이 한 2천여 명이 미리 예약돼 있고 또 동남아 같은 데도 한 6천 명 이상이 예약돼 있고 그래서 외국에서도 굉장히 많이 올 그런 것이고요. 국내에도 지금 여기 꿈의 다리라고 강익중 씨가 만든 다리가 있어요. 세계에서 가장 긴 재생 환경을 생각한 다리인데요. 여기에 13개국에서 굉장히 많은 어린 학생들이 참여했는데 거기 그런 학생들 또 이번에 코로나 때문에 고생한 의료진 영웅들 또 우리 한국과 교환에서 서로 공부하고 있는 교환학생 등 이런 분들도 한 500여 명이 되고 또 굉장히 많은 대한민국의 최고의 지도자들도 오시고 또 여야 할 것 없이 아주 다양한 분들이 오십니다.

순천 풍덕경관정원. 도시의 판을 바꾼 미래형 생태수도 순천. 박람회는 끝났지만, 순천의 새로운 도전은 다시 시작되고 있다.

앵커_ 말씀 잘 들었습니다. 시장님 고맙습니다.

노관규_ 감사합니다.

출처 : KBS(2023.03.23.)

노관규 시장,
박람회 이후 100년을 준비하고 있다

지금 전남 순천시는 단순한 행사를 넘어 정원 도시의 표준을 제시하게 될 2023순천만국제정원박람회와 미래 100년을 준비하고 있다는 민선 8기 노관규 순천시장을 만나 그동안 현안사업 등 비전을 들었다. 취임 9개월째를 맞는 노 시장은 10년 만에 시정으로 돌아와 보니 깊게 뿌리박힌 현안들이 많았다. 2023순천만국제정원박람회, 경전선 도심 통과 문제, 쓰레기 처리시설 등 당면한 현안을 해결하기 위해 쉼 없이 달리고 있다고 소회를 밝혔다.

기자_ 그동안 소회와 각오는.

노관규_ 지난 2월 경전선 도심 통과 문제는 공무원들의 뚝심과 순천 시민의 응축된 에너지와 한목소리를 내어주신 시민들의 진심이 통해 정부의 변화를 이끌어내는 성과도 있었다. 주무부처인 국토교통부 원희룡 장관이 직접 순천을 방문 최적 방안을 찾겠다는 입장을 낸 만큼 우회 노선으로 변경될 가능성이 커졌다. 경전선 순천 도심 우회 문제

경전선 도심 통과 문제는 공무원들의 뚝심과 순천 시민의 응축된 에너지와 한목소리를 내어주신 시민들의 진심이 통해 정부의 변화를 이끌어냈다.

에 대해 대통령실에서도 관심을 두고 있는 만큼 대통령이 순천을 방문해서 시민들에게 좋은 선물을 주셨으면 좋겠다. 또한 코앞으로 다가온 정원박람회 성공개최로 순천은 대한민국의 이정표를 세우고, 다른 도시들이 따르는 표준을 제시하고 남해안벨트 허브도시로 도약할 것이다. 그리고 어려운 순간마다 응원해주신 시민들을 실망 시키지 않고, 더 좋은 도시, 앞서나가는 도시를 만들어 갈 것이다는 각오다.

기자_ 최근 순천시의 최대 화두는 정원박람회다. 방향은.

노관규_ 순천의 고유함이 담긴 창조적인 박람회로 준비하고 있다. 이번 박람회는 코로나 이후 최장기 국제행사이자 2000억 원이 넘게 투입된 매머드급 행사다. 그냥 지나가는 반짝 이벤트가 아니라 도시의 판을 바꾸고 대한민국 새로운 이정표를 세워 미래도시가 어떻게 만들어져야 하는지에 대한 표준 모델을 보여 줄 것이다.

기자_ 박람회에서 놓치면 안 될 주요 콘텐츠는

노관규_ 이번 박람회 주제는 '정원에 삽니다' 이다. 그래서 박람회장도 국가정원과 습지에 이어 도심까지 확장했다. 도시 전체가 정원이 됐기 때문에 도시 깊숙이 들어와 머무르시면서 165만평 전체를 보고 가시는 게 포인트다. 특히 60만평의 정원에서 하루를 온전히 누리는 특별한 경험 가든스테이 '쉴랑게'는 예매 첫날 4월 주말 숙박이 매진되는 등 벌써부터 관심이 뜨겁다. 야간경관도 빼놓을 수 없는 핵심 콘텐츠이다. 박람회 기간동안 하절기는 밤 10시까지, 그 외에는 9시까지 관람객을 맞이한다.

기자_ 탄소중립을 지속적으로 실천해 온 순천인데.

노관규_ 홍수·가뭄, 대형 산불 발생으로 생물 서식지 감소, 멸종위기종 개체수 감소, 식량부족 문제 등 기후위기 문제가 심각하다. 순천은 정부 2050탄소중립 추진전략 목표인 탄소중립, 경제성장, 삶의 질 향상에 가장 근접한 도시이다. 순천은 10년 전부터 생태에 주목했고 생태를 기반으로 하는 발전 전략을 선도적으로 추진했다. 2009년 흑두루미를 위해 제가 전봇대 282개를 뽑았다. 결국 생태를 보전하는 일이

국가정원 식물원과 시크릿 가든. 식물원에서 데크로 이어지는 시크릿 가든은 지상에서 지하 속 숨겨진 신비로운 정원까지 나선형으로 이어진다. 단순한 관람에만 그치지 않고 지구의 미래 환경을 체험하는 콘텐츠를 통해서 기후변화의 위험성도 경고한다.

경제를 견인할 수 있음을 증명했다. 갯벌과 육지에 있는 나무와 잔디, 정원은 굉장히 중요한 탄소 흡수원임. 순천만 갯벌은 우리가 알고 있는 숲보다 탄소를 흡수하는 양이 3배나 더 많고 속도는 50배가 빠르다. 정원은 탄소저감 흡수원뿐만 아니라 현대사회의 문제를 해소하는 수단과 장소이며, 기후변화 시대에 가장 효과적으로 대응할 수 있는 방법중에 하나다. 동천 둔치까지 녹지공간을 대폭 확장해 도시 전체를 '정원화'하겠다. 지난 2022년 9월 '순천시 기후위기 대응을 위한 탄소중립·녹색성장 기본 조례'를 제정해 탄소 중립 사회로의 이행을 촉구하고 녹색성장을 활성화하는 다양한 시책들을 추진할 법적 근거를 마련했다. 올해에는 '순천시 탄소중립 녹색성장 기본계획'을 수립하여 온실가스 감축 경로를 구체화하고 시정 전반적으로 감축전략을 수립 추진해 나갈 계획이다. 2050탄소중립 실현 및 자연과 인간이 공존하는 미래 표준도시로 나아가기 위한 다양한 정책을 지속적으로 펼칠 것이다."

출처 : 데일리한국(2023.03.27.)

윤석열 대통령 부부가
참석한 개막식

"재해시설이 이렇게 바뀌었다니 놀랍습니다."

2023순천만국제정원박람회 개막식이 열린 2023년 3월 31일 오후 6시 전남 순천시 오천그린광장에는 일찌감치 시민들의 발길이 이어졌다. 이날 개막식에는 윤석열 대통령 부부가 참석한다는 소식이 알려지면서 분위기가 고조됐다. 일찌감치 개막식을 보기 위해 오천그린광장을 찾은 시민들은 불과 몇 개월 만에 확 바뀐 박람회장을 보고 감탄했다.

오천아일랜드는 차가 다니던 아스팔트 도로가 잔디밭으로 조성됐고, 오천 그린광장은 저류 시설을 광장으로 탈바꿈했다. 5만 9000여 평의 잔디밭으로 2만 명의 시민을 거뜬히 소화할 수 있도록 드넓게 조성됐다. 두 곳은 이번 박람회의 핵심 공간이자 10년 전과 비교해 가장 큰 변화이기도 하다.

행사의 대미를 장식한 개막공연은 태고의 생명을 품은 순천만습지를 보존해낸 순천의 스토리에서 모티브를 얻어 '숨쉬는 그곳, 그리고 이곳(THERE & HERE)'이라는 주제 아래 펼쳐졌다. 빅뱅으로 탄생한 지구, 인간문명의 등장과 자연의 위기, 그리고 순천만습지를 통한 생명력 회복 등 '공존'을 키워드로 한 전 지구적 서사가 대형 미디어파사드와 입체적인 팝업아트, 레이저쇼, 311명의 퍼포먼스를 통해 스펙터클하게 연출되었다.

오후 7시부터 열린 공식행사는 노관규 순천시장의 개회선언으로 시작됐다. 노관규 순천시장은 이 자리에서 "대한민국 새로운 이정표를 만들기 위해 온 힘을 다해주신 순천시민과 직원 여러분께 감사하다"며 "정원은 그 시대 과학기술과 문화예술의 총체"라며 "이번 박람회로 미래 도시의 표준을 제시하겠다"고 말했다.

이어 김영록 전남도지사는 "앞으로 순천만 국가정원과 유네스코 자연유산 갯벌 정원을 중심으로 세계적인 남해안 해양관광 벨트를 만들어가겠다"며 환영사를 전했다.

이날 박람회장에는 윤석열 대통령 부부가 직접 행사장을 찾았다. 취임 이후 처음 순천을 방문한 윤 대통령은 "정원은 자연을 활용한 문화예술작품인 동시에, 시민들의 건강한 휴식 공간이자, 기후위기에 대응하는 탄소중립 실천의 장"이라며 "순천은 생태가 경제를 살린다는 철학으로 도시 전체를 생태도시, 정원도시로 만들었다"고 밝혔다.

이어 "제가 정치를 시작하면서 호남의 발전이 곧 대한민국의 발전이고, 대한민국이 잘 되는 것이 호남이 잘 되는 것이라고 했다"며 "순천이 호남과 대한민국 발전에 핵심 거점이 되도록 제대로 챙기겠다"고 적극적인 지원을 약속했다.

이날 개막식은 수상 위에 설치된 무대를 배경으로 화려한 미디어파사드 공연이 펼쳐져 관객들의 이목을 끌었으며, 조수미와 박정현 등 국내 정상급 뮤지션들의 축하 공연이 진행됐다. 4월 1일 개장으로 7개월간의 대장정에 돌입하는 2023순천만국제정원박람회는 '정원에 삽니다'를 주제로 165만 평에 달하는 부지에서 정원도시의 새로운 이정표를 제시할 예정이다.

출처 : 노컷뉴스(2023.03.31.)

가장 현실적인
기후위기 대응방안

제53주년 지구의 날을 맞아 '2023순천만국제정원박람회'가 기후위기 대응의 현실적인 대안으로 새롭게 주목받고 있다.

순천만국제정원박람회를 기획하고 총괄한 노관규 순천시장은 인터뷰를 통해 "2030년까지 탄소 배출량을 현재의 43% 이상 줄여야 한다는 것이 국제사회 여론이다. 플라스틱을 줄이고 소비를 자제하는 등 개인적인 실천도 중요하지만, 국가 단위가 무겁기 때문에 특히 도시 차원의 움직임이 필요하다. 그런 의미에서 정원박람회는 기후위기에 대응할 가장 현실적인 대안"이라고 강조했다.

IPCC(기후변화정부간협의체)가 지난 2023년 3월 발표한 제6차 보고서는 기후위기에 대응할 다섯 가지 솔루션 중 하나로 '산림 및 생태계 보호'를 제시하고 있다. 탄소중립(NET-ZERO, 탄소 배출량만큼 흡수하는 대책을 세워 실질 배출량을 0으로 만드는 것)을 달성하기 위한 수단에는 탄소 배출을 줄이는 것과 이미 배출된 탄소를 흡수하는 두 가지 방안이 있는데, 산림 보호와 녹지 확충은 후자에 해당한다. 실제로 국내에서 자동차가 매년 배출하는 탄소량을 녹지가 고스란히 흡수하고 있는 것으로 알려져, 산림과 정원의 가치는 점점 더 중요해질 것으로 보인다.

160만 평 정원을 무대로 치러지는 순천만국제정원박람회는 아스팔트 도로를 정원으로 바꾼 그린아일랜드, 저류지를 정원으로 조성한 오천그린광장, 급격한 기후변화로 인한 극한의 자연을 연출한 시크릿가든 등 핵심 콘텐츠마다 기후위기와 관련된 메시지를 담았다. 이번 박람회로 조성된 정원이 흡수하는 이산화탄소만 해도 연간 1만 600여 톤으로, 자동차 4400대가 배출하는 탄소량에 달하는 것으로 알려졌다.

주요 박람회장인 국가정원에서는 친환경 이동수단도 만나볼 수 있다. '스카이큐브'는 전기로 움직이는 무인궤도차로, 자동차를 이용하지 않고도 국가정원과 습지를 오갈 수 있어 교통 혼잡과 자동차 배기가스로부터 순천만을 보호하는 효과가 있다. 화석연료가 아닌 전기배터리로 운행하는 '정원드림호'는 이번 박람회를 위해 정원박람회 조직위가 특별히 제작을 요청한 유람선이다. 순천역에서 5분 거리에 위치한 동천테라스와 국가정원 내 호수정원을 운행하여, 관람객들은 기차로도 편리하게 순천과 정원박람회에 방문할 수 있게 됐다.

또 순천시는 정원박람회 개최를 맞이해 시민들과 함께 차량2부제 운동, 대자보(대중교통, 자전거, 보행) 운동을 펼치면서 가급적 자동차 이용을 줄여갈 수 있도록 독려하고 있다.

순천시는 앞선 2008년 노관규 시장 재임 당시, 순천을 '대한민국 생태수도'로 선포하고, 순천만습지 보존을 위해 2013순천만국제정원박람회를 개최하면서 대한민국 제1호 국가정원이라는 에코벨트를 구축하는 등 꾸준히 생태·환경 분야에서 선도적인 도시 정책을 펼쳐왔다.

2022년 환경부와 해양수산부가 함께 발표한 '제4차 습지보전계획'에 따르면 순천만갯벌은 6,900여 톤의 탄소를 매년 흡수·저장하는 탄소중립의 핵심 일꾼이다. 나무·숲·잔디 등의 육상생태계가 흡수하는 탄소가 '그린카본'이라면 바다·갯벌 등 해양생태계가 흡수하는 탄소는 '블루카본'이라고 하는데, 그린카본에 비해 탄소 저장 능력이 높고 흡수 속도 또한 50배 이상 빠른 것으로 알려졌다. 블루카본의 잠재력이 주목받으며 전국적으로 갯벌 복원(역간척) 사업이 추진되면서, 일찍이 순천만습지의 가치를 알아보고 개발로부터 지켜낸 순천시민과 노관규 순천시장의 혜안이 다시금 높이 평가되고 있다.

한편 순천시는 제15회 기후변화주간과 2023순천만국제정원박람회를 기념하며 오는 5월 19일까지 #오늘도나는지구를구했다 인증 이벤트를 추진한다. 박람회 방문 시 개인 텀블러를 지참하고 순천시 공식 인스타그램에 인증하면 추첨을 통해 커피 쿠폰을 제공하는 이벤트로, 관람객 차원의 탄소중립 활동을 유도할 예정이다.

노관규 순천시장은 "탄소중립, 기후변화 등 어려운 말을 쓰지 않더라도 당장 거리에 넘쳐나는 자동차와, 잦은 산불로 인해 점점 사람이 설 자리가 줄어드는 것을 전 국민이 체감할 것"이라며 "2023정원박람회를 통해 기후위기에 대응할 미래 도시 모델을 제시하는 순천국제정원박람회에 많은 관심과 참여를해 줄 것"을 당부했다.

출처 : 에너지경제(2023.04.24.)

D+23일,
200만 관람객 돌파

2023년 순천만국제정원박람회가 성황리에 진행되고 있다. 윤석열 대통령 부부가 참석해 화제를 모으기도 했다. 중심에는 노관규 순천시장이 있다. 노 시장은 고졸 검사 출신으로 김대중 전 대통령(DJ)의 권유로 정치권에 입문해 다양한 정치행보를 보여 왔다. 일요신문이 4월 26일 순천만국제정원박람회장에서 노 시장을 직접 만났다.

기자_ 순천만국제정원박람회가 개장 23일 만에 관람객 200만 명을 돌파하는 등 이슈몰이에 성공했다.

노관규_ '순천 시골에서 촌스럽게 해놨겠지'라고 생각했던 선입견을 깼다. 한국식 조경문화와 정원 설계도를 창조해 새로운 이정표를 만들었다. 우리가 살고 있는 도시는 아파트와 아스팔트 자동차 등 회색빛이다. 또한 이번 박람회 주제가 '정원에 삽니다'다. 내 아파트 앞에 수만 평의 광장이 펼쳐져 있는 것이다. 또한 아파트 앞 강에 유람선이 떠 간다. 내 집 앞이 정원이고 우리가 정원에 사는 것이다.

기자_ 윤석열 대통령과 김건희 여사가 참석해 주목을 받았다. 흥행에 도움이 됐나.

노관규_ 솔직히 역할이 컸다. 내가 지난해 10월부터 '윤 대통령이 지방 나들이를 하셨으면 좋겠다'고 건의했다. 취업난, 주거난, 정신적·육체적 스트레스 등 대한민국의 모든 문제가 수도권 벨트에서 생기고 있다. 수도권에 사람과 돈 권력이 다 몰려있기 때문. 국가 지도를 놓고 봐도 이를 나눠가질 수 있는 곳은 남해안 벨트밖에 없다. 그 중심이 순천이다. 그래서 '순천이 허브 기능을 할 수 있도록 우리가 외국에 내놔도 자랑할 박람회를 만들고 있으니, 윤 대통령이 현장을 한번 봐주셨으면 좋겠다'고 보고한 것이다. 대통령실과 조율하다 윤 대통령이 결정했다. 윤 대통령이 검사 시절 호남에 근무하면서 순천만을 여러 번 와봤다고 하더라. 그래서 순천만을 이용해 생태가 경제를 어떻게 견인한 건지 본인 눈으로 직접 봐야겠다고 생각하신 것 같다.

기자_ 윤 대통령과 무슨 대화 나눴나.

노관규_ 순천만국제정원박람회가 윤 대통령이 가장 오래 머문 지역 행사다. 개막공연도 다 보고 5시간 30분 동안 계셨다. 이번에 윤 대통령의 문화적 소양에 놀랐다. 개막식 공연을 보시더니 첫마디가 '감독이 누구냐'고 묻더라. 보통 사람들은 기획사가 어디냐, 비용이 얼마나 들었냐고 물었을 것이다. 그래서 내가 감독 이름을 말하며 '촌에서 촌 공무원들이 만든 게 뭐 그렇다'고 겸손하게 말했는데, 대통령이 정색을 하시며 '순천이 촌도 아닐 뿐더러, 만들어진 결과물을 보니 과정이 어땠을지 짐작이 간다. 지방 공무원이 이 정도면 중앙 공무원보다 훨씬 낫다' 덕담을 하시더라. '지역이 이 정도로 잘할 수 있다면 중앙정부가 다 쥐고 있을 필요 없이, 나눠줘서 자율에 맡기는 게 좋겠다'고 말하셨다.

기자_ 정원박람회뿐 아니라 경전선 우회, 애니메이션 클러스터 등 숙원사업이 해결됐다. 우주발사체 단 조립장도 순천이 선정됐다. 일각에서는 노 시장이 '검사 출신' 연결고리가 있기 때문이라는 말이 나온다.

노관규_ 남들은 정치적으로만 해석하는데 전혀 사실이 아니다. 물론 윤 대통령과 서로 비슷한 시기에 검사생활을 했으니 개인적으로 조금은 안다. 그러나 일국의 대통령이 그 인연만으로 지역문제를 해결해 주겠느냐. 국가의 세금이 들어가는데 합당한 이유가 있고, 경제적 효과가 있어야 한다. 경전선 문제는 지난 2022년 7월 시장에 취임하고부터 전남지사와 강력히 싸워왔다. 어떻게 고속철이 도심 한가운데를 가로지를 수 있냐. 철도는 한 번 깔면 100년 이상 손을 못 댄다. 그래서 내가 정공법으로 대통령실 관련 부서와 국토교통부 장관 등에 부당한 이유를 설명했다. 그래서 문제가 있다 판단돼 우회 지시가 내려진 것이다.

기자_ 순천만국제정원박람회 성공 계기로 향후 남해안 벨트 완성을 강조하고 있다.

노관규_ 대한민국은 수도권 1극 체제다. 이걸 다극 체제로까지 쪼개지는 못 할 거다. 유일하게 지금 나눠 내릴 수 있는 게, 목포에서 부산까지 남해안 벨트다. 이 중심 역할을 할 수 있는 도시들이 순천 여수 광양이다. 딱 가운데서 철도가 교차하는 십자 교차로가 있고, 공항도 있고, 항구도 있고, 산업단지가 있다. 턱도 없이 대도시 만들자는 게 아니다. 행정구역 경계를 허무는 건 정치적 이해관계가 심하게 있기 때문에 우선은 경제·산업적 장벽부터 좀 없애는 게 중요하다. 예를 들어 순천이 정원박람회를 하는데 숙박시설은 여수에 많다. 그럼 경제적 이득을 나눌 수 있는 거다. 각 도시가 가진 고유 기능들을 유지하며 유럽의 메트로폴리탄 개념으로 도시를 거점 중심으로 재편하자는 취지다."

출처 : 일요신문(2023.04.27.)

D+58일만에 400만 돌파한
〈흥행 비결〉

 지난 4월 개장한 2023순천만국제정원박람회가 관람객 400만명을 훌쩍 넘기는 등 흥행몰이를 하고 있다. 개막식에 참석한 윤석열 대통령이 "순천 정도의 수준이라면 지방도시를 믿고 중앙의 여러 가지 권한을 이양해 줘도 좋겠다"고 극찬할 정도였고, 국내외 도시와 기관·단체들의 벤치마킹은 줄을 잇는다. 강력한 추진력을 인정받는 노관규 시장은 지난달 31일 자치단체장 가운데 처음 '미래서울 아침특강' 강사로 초빙돼 화제를 모으기도 했다. 순천만을 도심까지 끌어들이고 싶다는 막연한 상상력을 현실로 만들어 낸 사례 등을 접한 서울시 간부 공무원들도 노 시장의 열정과 창의력에 박수를 보낼 정도였다. 최근 람사르 습지도시 초대 의장으로 프랑스에서 열린 '제2회 람사르 습지도시 시장단 회의' 참석 후 귀국 다음날인 13일 전국 시장·군수·구청장이 참석한 산림연찬회에서 정원박람회 성공사례를 강의하는 등 눈코 뜰 새 없이 일정을 소화하는 노 시장을 지난 16일 만나 포부를 들어 봤다.

 기자_ 개장 58일 만에 400만명을 돌파하는 등 순천이 외부인들로

북적인다.

노관규_ 혼신의 힘을 다해 준비했지만 우리도 놀랄 만큼 많이 오신다. 방문 후에 하시는 얘기들에 저희도 놀라고 감동받고 있다. '유럽 선진국 이런 데 갈 필요 없다', '순천시민들은 진짜 좋겠다. 우리가 사는 도시는 왜 이렇게 못 만드나' 이런 말씀을 해 주셔서 자부심과 긍지를 느낀다. 수익사업도 목표금액이 253억원인데 입장권 169억원을 포함해 234억원의 수익을 올렸다. 10월 31일까지 계속되는데 벌써 92% 목표를 달성했다.

기자_ 흥행비결은 무엇인가.

노관규_ 제가 직원들에게 말했다. '우리에게 주어진 시간은 7개월뿐이다. 우리는 총괄가드너도 설계도도 따로 없다. 총괄기획은 내가 할 테니 당신들은 지혜를 짜내서 완성도를 높여 주라'고 당부했다. 거기에 품격 높은 시민들이 힘을 실어 주셔서 가능했다. 다시 말해 시대 어젠다를 읽는 리더의 상상력, 공무원들의 지혜, 수준 높은 순천시민의 삼합(三合)이 맞아떨어진 거 같다.

기자_ 국회의장도 방문하고, 많은 지자체가 순천을 배우러 온다.

노관규_ 사법부 수장까지 다녀가시면 대한민국을 움직이는 권력이 다 순천으로 모이는 모습이다. 대한민국의 사람, 돈, 권력이 모두 모인 수도 서울의 오세훈 시장과 서울시 간부 공무원들도 순천을 다녀갔다.

수도권, 영남, 충청 할 것 없이 전국에서 오고 있다. 지금까지 230여 기관이 왔다. 남도 끝자락에 있는 도시가 어떻게 해서 도시침술 효과를 줄 수 있었는지, 정원으로 어떻게 도시 자체를 바꿨는지 보러 오신다. 순천이 만든 새로운 표준이 전국으로 확산돼 국가균형발전으로 연결됐으면 좋겠다.

기자_ 서울시 공무원을 상대로도 특강했다.

노관규_ 오세훈 시장이 정원박람회장을 다녀가고 직접 전화를 주셨다. '순천의 창의적이고 혁신적인 시도에 감명받았으니 정원박람회를 총괄기획한 노 시장이 직접 서울시 공무원들에게 특강해 줬으면 좋겠다'는 부탁을 받았다. 국내 저명인사들이 주로 강의하는 자리에 지자체장이 강사로 나선 것은 이례적이라 하더라. 순천의 혁신사례를 구체적으로 알려 달라는 문의전화가 조직위로 많이 온다고 한다.

기자_ 검사 시절 인연이 있는 윤 대통령이 다녀가면서 지역 현안 사업에도 청신호가 들어온 거 같다.

노관규_ 윤 대통령이 개막식에서 '순천이 호남과 대한민국 발전의 핵심 거점이 되도록 제대로 챙기겠다'고 말씀하셨다. 이것도 현실화하고 있다. 경전선 전철화 우회, 애니메이션클러스터 조성, 순천만 상류천(동천) 사업도 중앙부처·대통령실과 소통하며 하나하나 풀어 가고 있다. 8000억원의 효과가 있을 것으로 기대된다.

기자_ 별명이 노작가, 돌쇠, 혁신가 등 많아졌다. 어떤 시장으로 기억되고 싶은가.

기자_ 좋은 시장보다는 도시의 판을 바꾸는 시장이 되면 좋겠다는 소망을 품고 시장직을 수행한다. 불친절해도 병 잘 고치는 의사와 착하고 친절하지만 실력은 없는 의사가 있다면 누구라도 병 잘 고치는 의사를 선택할 것이다. 10년이란 공백기를 뚫고 압도적인 지지로 다시 순천시장이 될 수 있었던 건 노관규는 한다면 하는 시장, 일 하나는 제대로 하는 시장이라는 걸 시민들이 기억하셨기 때문이다. 그 기대에 부응하기 위해 치열하게 1년을 보냈다. 훗날 순천의 판을 바꾼 시장, 대한민국 꼬리가 몸통을 흔든 시장으로 기억되고 싶다.

기자_ 여야를 넘나들며 광폭 정치행보를 보이면서 항간에는 여당 비례대표설, 총선 출마설이 돌기도 한다.

노관규_ 시장직을 충실히 해야겠다는 것 외에 다른 생각은 없다. 시장은 정당과 큰 관계가 없다. 오히려 무소속이라 여기저기 신경 안 쓰여 시정이 자유롭다. 앞으로도 순천시장으로서 순천에 도움 되는 일이라면 여야 가리지 않고 뛸 생각이다.

기자_ 내년 총선 시계가 빨라진 거 같다. 순천은 호남정치 1번지답게 많은 관심을 받는데.

노관규_ 중앙에서 양당이 적대적 공생을 이어 가고 있다. 특히 더불어민주당이 호남을 텃밭으로 생각하다 보니 지역발전이 더디다. 호남 정치인들은 지역민보다 공천 결정권자만 바라본다. 내년 총선은 진영에 매몰되지 않고 진짜 지역발전을 위해 건전한 경쟁을 하고, 순천이 남해안벨트 허브도시로 우뚝 설 대안을 내놓는 정치인이 당선되면 좋겠다. 정원에는 꽃, 나무, 돌, 물이 각자의 개성을 유지하며 모여 있는데 아주 편안함을 준다. 정치도 이렇게 다양성이 있어야 한다. 국민에게 정치혐오를 주지 말고 편안함을 주는 정치가 정착되기를 바란다.

출처 : 서울신문(2023.06.19.)

3만불 시대, 새로운 선진국으로 가는 '정원의 삶' 모델 제시

진행 : 오동건 앵커, 조예진 앵커

앵커_ 전국의 자치단체장을 초청해 주요 현안과 시책 등을 들어보는 순서, 오늘은 '전남 순천시' 편입니다. 지금 순천에서는 국제정원박람회가 성황리에 열리고 있는데요. 석 달도 안 됐는데, 관람객이 500만 명을 돌파했다고 합니다. 노관규 시장님 모시고 자세한 이야기 들어보겠습니다. 이제 본격적인 장마가 시작된 상황입니다. 그렇기 때문에 아무래도 박람회에 신경을 더 쓰실 것 같은데요.

노관규_ 그렇죠. 원래 설계를 할 때 이렇게 오래 기후가 장마도 오고 덥다고 얘기도 했지 않습니까. 그래서 준비를 많이 했습니다. 사실은 여름에 휴가지로서 장마가 오고 더웠을 때 어떻게 할 것인가를 고민을 많이 했기 때문에 이런 것들이 충분하게 대비가 되어 있고 다만 워낙 넓어서 사실은 저희들도 애를 먹기는 먹습니다.

앵커_ 그런데 저렇게 정원을 꾸며놓으셨는데 비가 오면 야외활동하기가 어렵지 않습니까?

노관규_ 그렇지 않습니다. 우리가 몽환적이라는 얘기를 하잖아요. 그런 모습을 느끼는 곳이 정원입니다. 그런데 이번에 정원박람회장은 지금 열리고 있는 국가정원만이 아니고 순천만까지 포함되어 있는데 순천만은 바다 안개, 그리고 국가정원에는 물안개와 함께 강에서 피어오르는 안개들이 아주 장관입니다. 그리고 장마철이 되더라도 다른 데 하고 달리 쉴 곳도 많고 또 비가 오면 오는 대로 즐길 수 있는 것들이 잘 준비가 되어 있기 때문에 그런 걱정은 안 하셔도 될 것 같습니다.

앵커_ 100일이 됐습니다. 100일이 됐고 그때 얘기를 하셨을 때 한 800만 정도 목표라고 하셨는데 지금 벌써 530만 명이라고.

노관규_ 530만입니다, 어제까지.

앵커_ 석 달도 안 돼서 이 정도로 채워지는 건 무슨 이유가 있을까요?

노관규_ 저희도 국민에게 또 외국인 관광객들도 많이 오시기 때문에 대단히 감사한데 그러신 것 같아요. 보고 가시면서 야, 유럽이나 선진국 갈 필요 없겠다. 우리나라도 이렇게 만들 수 있냐. 그리고 우리 도시도 이렇게 됐으면 좋겠다고 얘기를 하시거든요. 굉장히 보람을 느끼고 있습니다.

앵커_ 관광객들이 500만이 모였기 때문에 어떻습니까? 이게 사실

하루 만에 가기는, 만약에 수도권에서 간다면 좀 어려워요. 아무래도 숙박도 해야 될 것이고 숙박을 하면 또 먹어야 될 것이고. 어떻습니까? 음식점과 숙박업소 경제적 파급 효과는?

노관규_ 당연하게 잘되죠. 왜냐하면 저희가 원래 설계를 할 때 순천 하나만 놓고도 1조 6000억 정도의 경제적인 효과가 있을 거다, 이렇게 얘기를 했는데 저는 그걸 더 넘어서서 바로 인접하고 있는 여수든 광양이든 고흥이든 보성이든 이런 데도 같이 경제적으로 활성화가 되는 그런 걸 생각을 했는데 실제로 그렇습니다. 왜냐하면 530만 명이나 왔는데 한 도시만 머물 수 없잖아요. 그러니까 우리 국제정원박람회 거기도 오시고 또 여수도 가시고 시간이 더 지난 분들은 목포까지도 가시고 그렇거든요. 그러니까 오신 김에 보니까 남해안 일대를 돌아보시고 그런 것 같아요. 이거는 굉장히 좋은 일이라고 생각을 합니다. 그래서 우리 도시만 잘 되는 게 아니고 옆동네도 잘되기 때문에 순천 덕분이다 할 때 굉장히 보람을 느낍니다.

앵커_ 관광 하면 사실 떠나기 전에 시민들이 걱정하는 게 바가지 물가예요. 혹시 이런 것도 신경 쓰시고.

노관규_ 당연하게 신경 쓰고 있습니다. 왜냐하면 그게 요즘에 각종 축제 열리는데 턱도 없는 바가지 요금 때문에 말씀되는 경우가 많거든요. 그런데 저희는 지금까지 잡상인도 없지만 이런 경우 때문에 문제가 되는 경우는 없습니다. 아주 철저하게 시민들과 같이 캠페인도 벌여 나가고 우리가 또 지도 단속도 하고 여러 가지 전략을 펴고 있거든요. 순천 시민들이 시민 의식이 높기는 높으신 것 같아요.

앵커_ 알겠습니다. 이제 본격적인 휴가철을 앞두고 있는데요. 앞으로 순천박람회장을 찾으실 미래의 예비 관람객들에게 하시고 싶은 말씀이 있으시다면요?

노관규_ 여름 계획들을 해외로 가시거나 아니면 바다와 계곡으로 대체적으로 정하시는 게 일반적인 생각들이었는데 지금까지는 휴가를 갈 만한 정원을 여러분들이 못 보셔서 그렇습니다. 최고급의 휴가는 정원입니다. 대한민국에서만이 아니고 세계적으로도 주목하고 있는 곳이 순천만국제정원박람회장이고 여러분들이 여름휴가를 오셨을 때 어떻게 재충전하고 어떻게 쉬어갈 수 있는지가 다 준비되어 있기 때문에 주저하지 마시고 순천만국제정원박람회장으로 오십시오. 아마 후회하지 않으실 겁니다.

앵커_ 알겠습니다. 노관규 순천시장님과 이야기 나눴습니다.

출처 : YTN(2023.07.06.)

정원드림호

정원 플래너로서의
노 작가의 총괄 지휘

앵커_ 지난번에 이제 순천만국제정원박람회 개관할 때 그때 한번 인터뷰했었잖아요. 목표는 무난히 달성할 것이다. 이렇게 얘기를 했는데 8월에 600만 돌파했더라고요?

노관규_ 650만 돌파했어요. 그래도 걱정이에요.

앵커_ 그래도 걱정입니까? 아니 목표 달성했는데

노관규_ 목표 달성하는 것만으로 끝나는 게 아니잖아요. 사실은 그건 하나의 기준일 뿐이지 저는 되도록 정원이 단순하게 관광객만 모으는 행사가 아니기 때문에 이 가치를 지금 널리 퍼뜨리는 게 대단히 중요하거든요.

앵커_ 어떤 가치가 있을까요?

노관규_ 우선은 소득 수준이 3만 불이 넘어가는 우리도 선진국 입구에 서 있는 나라이기 때문에 이제 요구 자체가 다르거든요. 국민들의 요구가 예전에는 정치에서, 행정에서 그냥 만들어 놓은 거 이거 이용

하시오. 이러면 되는데 지금은 그렇지가 않거든요.

앵커_ 국민의 수준이 달라졌다.

노관규_ 당연합니다. 수준이 달라졌기 때문에 이 가치를 담아내서 도시의 모습도 새롭게 만들어야 되고 이제는 국가나 지방자치제의 틀을 바꿔줘야 되기 때문에 그래서 더 많은 분들이 오시고 더 많은 기관에서 오셨으면 하는 바람입니다.

앵커_ 그때 당시에 제가 인터뷰하면서 참 인상 깊었던 단어가 그때 시장님 제가 노 작가입니다. 일명 정원박람회를 얼마나 꼼꼼하게 디자인하고 챙기는지 제 별명이 노 작가예요. 이렇게 얘기하셨는데 노 강사도 하시나요? 그러니까 여기저기 강의를 많이 하셔서

노관규_ 두 개 다 저한테는 참 과분한 얘기들입니다. 사실은 이제 아마 그런 것 같아요. 이제까지 우리는 벤치마킹하면 선진국 주로 갔잖아요. 그런데 순천 박람회를 보니 유럽에 갈 필요가 없다 선진국보다 훨씬 더 완성도가 높다. 우리 도시는 이렇게 만들 수 없나, 이런 것들이 작용하다 보니까 여러 얘기를 하고 부르고 그러는데 사실은 총괄가드너가 없기 때문에 제가 공식적으로 자격증을 받은 건 아니지만 노 작가라고 불리는 것이 형식적으로는 어색하지는 않죠. 그렇지만 대한민국도 전문가들이 많이 있는데 과분한 칭찬이고 그렇습니다.

앵커_ 정원 플래너로서의 노 작가의 어떤 총괄 지휘를 하셨으니까

가장 인기 있는 정원은 어디입니까?

노관규_ 이렇게 물으실 때마다 제일 곤란한 게 그거예요. 사실은 이 정원은 자식하고 똑같습니다. 여기 잡초 하나도 그냥 있는 게 아니기 때문에 사실 모든 것들이 이제 혼이 다 불어 넣어져 있죠. 그런데 예전에 정원박람회를 외국 것을 베껴서 여기에다 앉히는 데 급급하다 보니까 좋아하고 싫어하는 곳들이 있었거든요.

앵커_ 650만 지금 정원박람회 관람객 기록했는데 더 지금 오셔야 된다 배고프다 이러셨잖아요. 그러니까 이제 가신 분들이 한 번 가서 이제 본 것으로 끝난 게 아니고 후반기에 또 지금 멋지게 꾸며놨다. 이제 정원박람회 제대로 절정을 볼 수 있다. 이런 보도들이 많이 나오던데, 지금이 또 매력의 절정에 이르는 코스들이 좀 있습니까?

노관규_ 그렇죠. 대부분들은 봄에 강력한 튤립과 함께 봄꽃들이 화려하잖아요. 이거 보고 이제 정원 우리는 다 본 거다라고 하실 수도 있는데 사실은 정원은 사계절을 다 봐야 되고 또 정원은 아침 점심 저녁이 다 모양이 다르거든요. 그런데 가을에는 아시다시피 이번에 우리가 억만 송이 국화를 심었거든요. 그리고 순천만 은빛 갈대와 함께 이게 아주 굉장한 하모니를 이룹니다. 그래서 아마도 대한민국이 정말 아름답기는 아름답구나, 우리 가을이 정말 좋구나, 그리고 정원은 이런 곳이구나 이런 것들을 느낄 수 있을 겁니다. 특히나 추석 연휴도 길잖아요. 이번에는 그래서 저희들은 지금부터 여러 가지 대책들을 지금 세우고 있는데 아마도 한번 와보신 분들도 제대로 된 가을 정원을 아마 순천에서 느낄 수 있지 않을까 싶고요.

앵커_ 순천의 브랜드 가치가 팍팍 올라가는 소리가 매달 느껴지시겠네요.

노관규_ 참 감사한 일입니다. 오져 죽겠습니다.

앵커_ 추석 앞두고 지역 민심 밥상에 어떤 얘기들이 좀 올라올까요? 오염수 얘기라든지 이게 지역민들 민생 걱정이 좀 많은데 짤막하게 해 주시죠.

노관규_ 아무래도 후쿠시마 오염수 처리 때문에 아마 걱정들이 많고 그래서 우리는 선제적으로 방사능 측정도 하고 전통시장들이 죽지 않도록 노력을 하고 있거든요. 사실은 늘 매년 되풀이되는 게 전통시장의 상인들 그리고 여러 복지시설에 있는 분들 다들 부족해서 늘 단비를 기다리고 있고, 이러기 때문에 시장으로서 잘 살피고 우리 정원박람회 잘된 에너지를 따뜻하게 같이 나눌 수 있도록 하겠습니다.

출처 : KBS(2023.09.19.)

한국형 디즈니랜드를 위한
미래 전략

　윤석열 대통령이 2023년 10월 13일 104년의 역사를 지닌 국내 최대 규모의 종합체육대회 '제104회 전국체전' 개회식을 위해 전남 목포를 방문했다. 공식적은 전남 방문은 순천에 이어 두 번째다. 대통령이 직접 지역을 찾는 다는 것은 흔치 않은 일로, 그 지역을 대표하는 단체장들은 모처럼 찾아온 기회를 살리기 위한 정치력이 총 동원되기도 한다. 이번 전국체전에서도 이 기회를 살리기 위한 장이 마련됐다. 전국체전 개회식에 앞서 윤석열 대통령과 유인촌 문화체육관광부 장관, 이주호 부총리 겸 교육부 장관, 이기흥 대한체육회장 등 정부및 체육회 관계자, 김영록 전남도지사를 비롯한 각 시·도지사, 시·도교육감 등이 함께 만찬을 하고 지역 현안을 논의했다. 당시 여러 현안이 건의 됐고, 확실한 대통령의 의중은 '순천'이었다. 지역 논리를 떠나 2023순천만국제정원박람회가 대한민국 국제행사의 새역사를 쓰게 되면서 '대한민국 품격'을 제대로 올렸기 때문이다. 사실상 민주당 일당 체제인 전남에서 정권이 바뀌며 여러 현안 사업들이 꼬여가고 있는 형국 속에서도 대한민국을 제대로 흔든 순천을 뒤로 하기에는 명분(?)이 부족했을 것으로 보인다.

현안 사업 해결 중심에 선 '순천'

김영록 전남도지사는 목포에서 열린 개회식에 앞서 윤석열 대통령에게 전남의 굵직한 현안을 건의했다. 그는 윤 대통령에게 "순천만국제정원박람회가 지난 10일 관람객 800만 명을 넘기며 새로운 역사를 쓰고 있다"며 "광주~영암 아우토반이 목포를 연결하는 고속도로 역할을 한다"며 "2025년 국가계획에 반영해 달라"고 적극 건의했다.

이에 윤석열 대통령은 "관람객 800만 명을 돌파한 2023순천만국제정원박람회는 대단하다"며 "순천 애니메이션 사업에 관심을 갖고 정부 부처에 직접 지시하겠다"고 화답했다. 이어 광주~영암 아우토반에 대해서는 "인공지능 자율주행차 테스트베드 역할을 할 수 있고 젊은이들에게 기회의 장이 될 수도 있다"며 관심을 표명했다. 사실상 이번 윤석열 대통령의 발언은 28만 중소도시 순천이 성공적으로 이끈 2023순천만국제정원박람회를 높이 평가 했고 확실한 보상을 하겠다는 의지의 메시지로 보인다. 반면 광주~영암 아우토반의 경우 관심을 표명했다는 것은 절반의 성공으로 비춰지지만, 정치 호사가들은 확실한 대통령이 답변이 나오지 않은 만큼 시간을 놓고 더 지켜봐야 할 것이라는 의견이 지배적이다.

이어 김 지사는 이주호 부총리에게 "지역 균형발전을 위해 의대정원 증원만이 아닌 국립의과대학 설립(목포·순천)이 반드시 필요하다"고 역설하고 지원을 요청했다. 순천대학교의 글로컬 대학30(순천) 지정에 대해서도 "도민들의 염원인 만큼 전남도도 적극 지원하고 있다"고 설명했다.

이처럼 전남의 굵직한 현안 사업에 대해 순천을 중심으로 풀어야 할 정도로 전남의 중심에 순천이 서 있는 것은 분명해 보인다.

'K-디즈니' 꿈 아닌 현실로 성큼

윤석열 대통령이 2023순천만국제정원박람회에 대한 높은 평가와 함께 "순천 애니메이션 사업에 관심을 갖고 정부 부처에 지시하겠다"라고 언급함에 따라 순천의 미래먹거리 사업으로 주목 받고 있는 애니메이션 산업 추진에 탄력을 받게 됐다.

순천은 이번 윤 대통령의 발언에 감사와 환영의 메시지를 전달하고 인공지능(AI)이 인간의 일자리를 위협하는 시대에 애니메이션 산업을 통해 지방소멸을 막고 전 세대가 즐길 수 있는 새로운 문화를 만들겠다는 목표를 밝혔다. 애니메이션은 스토리와 창의력이 핵심이자 굴뚝 없는 고부가가치 산업이다. 친환경적으로 창·제작이 가능하다는 점에서 정원·자연·역사·문화 등 도시 전체가 창작의 배경이 되는 생태수도 순천의 여건과도 부합한다.

실제 전문가들도 애니메이션이 창작 디렉팅과 3D과학기술이 중요한 분야로써 AI기술이 일자리를 감소시키는 미래사회에서 창의성에 기반한 인간의 영역으로 남을 것이라 예측하고 있다. 이에 순천은 애니메이션 산업 육성을 위해 앵커기업 및 35여 개의 제작기업 유치에 노력하고 있으며, 웹툰, 음악, 영화, 캐릭터 등 문화산업 전 분야로의 확장까지 고려한 산업화 전략을 구상하고 있다.

또한 한국형 디즈니랜드 육성을 위해 퍼레이드, 문화행사, 디지털 신기술을 적용한 스튜디오 및 체험관, 관광산업과 연계해 조성하는 등 전후방산업을 종합적으로 육성할 계획이다. 앞으로 순천은 순천대학교 글로컬대학30 선정과 연계해 미래인재 육성 및 청년일자리 창출 등 시너지 효과를 내겠다는 방침이다.

노관규 순천시장은 'K-디즈니'를 위해 순천만국제정원박람회 등 바쁜 일정 속에서도 미래 전략 구성에 박차를 가하고 있다. 15년 전 '대한민국 생태수도' 전략으로 대한민국을 제대로 홀린 노관규 순천시장. 박람회 그 이후를 내다보며 미래 도시 전략을 세운 그의 '문화 판타지'에 대한 기대감이 점점 고조되고 있다.

노관규 순천시장은 "과학기술 발전과 시대 흐름을 놓치지 않고, 남해안 벨트 중심도시로써 창의력과 지혜로 경제의 판을 바꾸는 또 하나의 표준모델을 만들겠다"고 말했다.

출처 : 서울경제(2023.10.16.)

"미래의 정원에 K-콘텐츠 심겠다"

정치훈 기자(이하 정치훈)_ 시청자 여러분 안녕하십니까? 오늘은 MBN 네트워크뉴스 특별대담 시간으로 노관규 순천시장님 모시고 이야기 나눠보도록 하겠습니다. 시장님 안녕하십니까?

노관규 순천시장(이하 노관규)_ 네 안녕하십니까? 노관규입니다.

정치훈_ 지난 명절 때 추석 명절 때 100만 명 다녀갔다고….

노관규_ 놀랐습니다. 우리도!

정치훈_ 지금 저희가 있는 곳이 이제 '쉴랑게'라고 해서 이번에 특별하게 좀 이제 조성된 곳인데, 여기 말고도 '오천그린광장', '그린아일랜드' 이런 곳이 새로 생겼거든요. 그런데 기존에는 이제 국가정원만 있었는데 이게 지금 도심으로 확장되는 그런 효과를 낸 걸로 알고 있습니다. 이곳에서 이 박람회 기간에 대형 공연도 있었고 여러 가지 행사가 있었거든요. 순천시민들 좀 어떻게 보셨습니까?

노관규_ 우리 시민들께서 느끼시는 첫 번째는 굉장히 자부심을 느끼는 계기가 되었던 것 같습니다. 왜냐하면, 순천이 이렇게 전국을 들썩거리게 하는 일이 그렇게 흔한 일은 아니지 않습니까? '너희는 참 좋겠다. 우리 도시는 순천처럼 안 바뀌느냐 그리고 우리도 순천 같은 곳에서 살고 싶다.' 이런 얘기를 들을 때마다 굉장한 자부심이 느껴졌다고 합니다. 이 에너지를 모아서 다음 단계로 가는 게 저희가 할 일 같습니다.

정치훈_ 이제 그런 얘기를 좀 해야 할 것 같기는 한 시점인 것 같습니다. 이 '오천그린광장', '그린아일랜드' 또 국가정원 앞으로 어떻게 활용할 계획이십니까?

노관규_ 일단은 오천그린광장이나 그린아일랜드 같은 경우들은 시민들과 약속한 것도 있거든요. 그런데 전 시민들이 지금 도로를 정원으로 만든 부분은 90% 이상의 존치를 원하고 있기 때문에 이거는 조금 더 신중하게 고민을 해서 시민들 생활품으로 돌려 드려야죠. 그리고 각종 시설은 지금 마지막 용역과 함께 내부적인 검토를 하고 있는데요. 관리비가 지나치게 들어가고 효율성이 낮은 것들은 철거해야 할 것이고 계속 존치시켜서 더 큰 시너지 효과를 낼 수 있는 것들은 존치하고 이렇게 가야 할 것 같습니다. 왜냐하면, 국가정원이 단순하게 이제는 꽃과 나무와 여러 이런 모습들로 국민을 맞이할 것이 아니고 문화 옷을 입혀야 하기 때문에 그것과 발맞추어서 시설들을 활용할 생각입니다.

정치훈_ 시쳇말로 드라마에서 '정원이 돈이 됩니까?' 뭐 이렇게 생각할 수 있는데, 돈이 됩니까?

노관규_ 이번에 수많은 관람객이 오셔서 당초에 우리가 정부에 승인받을 때는 1조 6천억 원 정도의 산업 유발 효과나 경제적 이득이 있을 거라고 했는데 이미 이 단계는 훨씬 넘어서서 우리만이 아니고 인접 주변 지역들까지 다 경제가 활성화될 뿐만 아니라 대한민국 국민의 생각을 바뀌게 했지 않습니까? 저는 이것이 앞으로 우리가 가야 할 국민소득이 3만 5천 달러 정도 되는 나라의 미래의 모습이기 때문에 저는 가치로만 환산할 수 없는 대단히 큰 이정표를 우리가 세웠다 이렇게 생각하고 있습니다. 대한민국은 이제 이 국제정원박람회를 계기로 회색빛의 아파트, 아스팔트, 자동차로 대표되는 칙칙한 문화에서 맑고 밝은 녹색의 문화로 전환될 것으로 생각을 하고 있습니다. 저희는 국민 여러분께서 사랑해 주신 이 열기를 모아서 여기에 문화의 옷을 입혀서 전혀 새로운 세계로 나갈 것입니다. 그때 여러분 또 모시겠습니다. 순천만국제정원박람회 사랑해 주셔서 너무너무 감사드립니다.

출처 : MBN(2023.10.27.)

국내 최초 위치추적 흑두루미, 순천만에 돌아왔다

　전남 순천시는 순천만에서 국내 최초로 위치추적기를 부착한 흑두루미가 28일 360마리 흑두루미와 함께 순천만에 도착했다고 밝혔다. 이는 지난해보다 9일 늦게 도착한 것으로 시민들은 2023순천만국제정원박람회 폐막에 맞춰 늦게 도착한 것 같다며 흑두루미 도래 소식을 반겼다. 순천시에 따르면 위치추적장치를 이용해 흑두루미의 이동경로와 정확한 번식지를 확인한 것은 국내 최초 사례다.

　지난 2월 순천만에서 월동하는 개체에 위치 추적기를 부착해 이동경로를 추적한 결과 올해 3월 25일 순천만을 떠나 북상했으며, 중국 송화강, 러시아 아무르스카야 제야강을 거쳐서 최종 번식은 러시아 하바로브스크 추미칸 습지대에서 한 것으로 확인됐다. 이번 연구를 통해 밝혀진 흑두루미의 국가 간 이동정보와 분포지역에 대한 정보는 국내 흑두루미 서식지 관리를 위한 기초자료로 활용된다.

흑두루미 영농단 발걸음도 바빠졌다. 흑두루미 희망농업단지 62ha 추수는 지난 27일 모두 마쳤으며, 11월초부터 갈대울타리를 설치하고 철새 지킴이 활동으로 전환한다.

노관규 순천시장은 "순천시조 흑두루미가 정원박람회 폐막식에 맞춰 순천으로 돌아왔다"면서 "지금부터 순천만 은빛 갈대와 흑두루미가 박람회의 감동을 이어줄 것"이라고 말했다.

출처 : 뉴시스(2023.10.29.)

214일간의 긴 여정,
순천의 기적

2023순천만국제정원박람회가 214일간의 긴 여정을 마쳤다.

행사에 참석한 김영록 전남도지사는 축사를 통해 "정원박람회로 순천과 전남의 이름이 세계 속에 빛난 해였다. 순천은 지역이 가진 매력과 경쟁력이 대한민국 넘어 세계에서도 성공할 수 있음을 멋지게 보여주고, 빛나는 지방시대에 큰 획을 그었다"라면서 "정원에 애니메이션을 입히려는 순천시의 혁신적인 도전에도 힘을 모으겠다. 다시 한번 정원박람회 성공을 축하드린다"고 말했다.

정원박람회를 지원한 남성현 산림청장은 "정원박람회를 성공리에 마치게 된 것을 진심으로 축하드린다. 산림청장으로서, 순천만국제정원박람회의 성공 사례를 토대로 대한민국이 날마다 정원 문화에 흠뻑 빠지고 정원과 함께 치유되는 그날까지 정원정책을 더욱 발전시켜 나가겠다"고 약속했다.

정원박람회를 총괄해 온 노관규 시장은 축사에 앞서 시민들 앞에 큰절을 올린 후 폐회사를 낭독했다. 노 시장은 "지난 214일(7개월)은 순천이 정원으로 대한민국을 흔들고, 대한민국 전체가 순천에 열광한 꿈같은 시간이었다"라고 운을 뗐다. 그리고 "여러분 덕분에 정원을 찾은 980만 관람객, 순천시민들이 끝내주게 행복했다고 한다. 진심으로 수고하셨다"면서 "공직자, 종사자, 자원봉사자를 비롯해 박람회를 지원한 순천시의회, 전남도, 산림청과 정부 등에 깊은 감사를 표한다"고 밝혔다.노 시장은 이어 "순천은 이제 214일의 기간, 980만의 관람객, 333억 원의 수익금 같은 숫자는 역사에 남겨두고, 다시 '0'에서부터 시작하려 한다"면서 새로운 순천시대를 선언했다.

이날을 마지막으로 공식 폐막한 2023순천만국제정원박람회는 '정원에 삽니다'를 주제로 올해 4월 1일부터 10월 31일까지 214일간 치러졌다.정원을 도심까지 끌어들여 소득 3만불 시대 맑고 밝은 녹색도시의 모델을 제시한 이번 행사는 목표 관람객 800만 명을 넘어 최종 980만 명의 관람객을 불러 모았다. 또한 510개 이상의 기관단체(지자체 200여 곳)의 견학과 벤치마킹에 이어 '정원 열풍'을 불러오는 등 대한민국 정원문화를 새롭게 쓰고 미래 도시가 나아가야 할 방향을 명확히 제시한 운영과 흥행 면에서 초대박 성공신화를 쓴 박람회로 기록됐다.

한편 박람회 조직위는 정원박람회를 향한 국민 성원에 보답하고, 더욱 아름답게 물든 가을 정원의 풍경을 국민께 선물하기 위해 11월 1일부터 5일까지(오전 9시~오후 6시 마감) 국가정원박람회장 전 구역을 무료로 개방한다.

출처 : 헤럴드경제(2023.10.31.)

새만금과 다른 순천만 정원의
3가지 성공 비결

 31일 막을 내린 순천만국제정원박람회는 누적 방문객 980만명을 끌어모으며 성공적으로 마무리됐다. 순천만정원박람회는 지난 8월 준비 부족 등으로 파행을 겪었던 전북 새만금 '세계스카우트 잼버리대회'와는 여러 면에서 대비된다. 전문가들은 "두 행사는 컨트롤타워의 역할, 예산의 효율적 사용이란 측면에서 현격한 차이를 보였다"고 말한다.

 작년 7월 순천시가 박람회를 본격적으로 준비할 무렵 인근 시군에선 주민 1인당 30만원씩 코로나 재난지원금을 나눠주고 있었다. 그러나 순천시는 시민 28만명에게 나눠줄 840억원(1인당 30만원 기준)을 박람회에 투자했다. 일부 시민들 불평도 있었지만 노관규 순천시장은 "그 돈 받아서 살림 펴는 것 아니다"라며 설득했다. 박람회 전체 예산 2040억원 중 국비는 7.5%뿐, 62%인 1272억원을 순천시가 부담했다. 순천시 관계자는 "시와 시민 모두 현금 살포의 유혹을 견디고 순천의 미래에 투자했다"며 "포퓰리즘 대신 실리를 선택한 것"이라고 했다.

사실상 전권(全權)을 쥔 순천시장이 컨트롤타워 역할을 한 것도 성공 요인으로 꼽힌다. 정원박람회는 김영록 전남지사와 김대중 전남교육감 등 3명이 조직위 공동위원장이었지만, 대부분의 권한이 노 시장에게 위임됐다.

새만금 잼버리대회는 정반대였다. 전북도는 새만금 잼버리라는 일회성 국제 행사를 계기로 정부의 SOC 예산을 끌어내는 데 집중했다. 행사장이 필요하다며 1846억원을 들여 갯벌을 졸속으로 매립하고, 새만금공항 건립도 추진했다. 행사장에 설치된 화장실과 샤워장은 부실했고, 방역이 허술해 벌레가 들끓었다. 잼버리 조직위와 집행위 지휘부도 여성가족부 장관, 행정안전부 장관, 문화체육관광부 장관, 전북도지사 등 여러 기관장이 섞여 있는 상태에서 제대로 작동하지 못했다.

정원박람회라는 콘텐츠를 국내에 처음 도입한 노관규 시장은 작년 7월 취임하자마자 박람회 현장에 시장실을 만들고 매일 출근했다. 현장에서 간부 회의를 열고 그날 발생한 문제에 즉시 대응하는 시스템을 갖췄다. 조직위 105명 중 75%(78명)를 순천시 공무원으로 꾸리고, 천제영 전 부시장에게 사무총장을 맡겼다. 시청을 박람회 현장으로 옮겨 놓은 셈이었다.

노 시장은 2013년 '1회 정원박람회'를 직접 기획했다. 세계적인 경관 건축가 찰스 젠크스와 국내 조경 전문가 고정희 박사 등 여러 전문가 조언을 받아 정원박람회를 준비했다. 하지만 2012년 총선에 출마하는 바람에 직접 박람회를 주관하진 못했다. 총선에서도 떨어져 10여 년 공백기를 가졌다. 노 시장은 "10년 넘게 '야인 생활'을 하면서 세계 정원 문화를 체험하고 가든 전문 지식을 공부했다"며 "그 결과물이 이번 정원박람회"라고 했다.

박람회를 준비한 공무원들의 전문성도 성공에 기여했다. 순천시는 2014년부터 국가정원운영과와 정원산업과 등을 운영하며 정원 전문가 40여 명을 길러냈다. 순천시에는 외부 정원 전문가만 100여 명이 위촉돼 있다. 첫 박람회 때 조성본부장을 맡았던 최덕림 전 국장이 이번 박람회 총감독을 맡았다.

시민의 참여도 큰 힘이 됐다. 이번 박람회에서는 국내에서 처음으로 '저류지(貯溜池) 공원(오천그린광장)'과 도로의 아스팔트를 걷어내고 잔디를 깐 '도로 정원(그린아일랜드)'을 선보였다. 조성 과정에서 교통 불편 등 시민들 불만이 상당했다. 그러나 순천시는 끈질긴 설득으로 주민 동의를 받아냈다. 실제 개막 후에는 하루 490여 명의 운영 인력 중 400여 명이 모두 순천 시민이었다. 7개월 동안 연인원으로 하면 11만3000여 명에 이른다.

그린아일랜드

"순천을 배우자"는 벤치마킹도 잇따랐다. 지자체와 공공기관 등 무려 510개 기관이 박람회장을 다녀갔다. 오세훈 서울시장은 순천 그린아일랜드를 보고서 "서울에도 이 정원을 도입하겠다"고 했다. 지난 3월 개막식에 윤석열 대통령과 김건희 여사가 참석한 것도 전국적인 관심을 끄는 데 주효했다고 조직위 측은 분석했다.

출처 : 조선일보(2023.11.01.)

'3합'의 완벽한 조화, 지방 행정의 신모델

214일 동안 펼쳐진 기적. 28만 중소도시 생태수도 순천에서 펼쳐진 2023순천만국제정원박람회가 지난달 31일 대단원의 막을 내렸다. 개장 12일 만에 100만 명을 돌파하며 흥행 돌풍을 예고한 이번 박람회는 58일 만에 목표 관람객(800만 명) 절반인 400만 명을 돌파하는 기염을 토했다. 최종 관람객은 981만2157명. 단순한 흥행 몰이에 그치지 않고 대도시는 방향을 중소도시에는 희망을 제시하며 대한민국 대표 국제행사로 우뚝서며 역사의 한 페이지를 장식했다.

여전히 '정원'이 가져다 준 감동의 여운이 남아있는 지금. '새로운 시작 더(THE) 높게' 일류순천 도약을 위한 체계적인 미래전략 수립에 박차를 가하며 또 한번의 기적을 꿈꾸고 있다.

'3합'의 완벽한 조화…"지방 행정의 신모델"

순천을 '정원도시 서울' 구상을 위한 가장 좋은 모델로 꼽고, 배우러 왔다(오세훈 서울시장), 지방 행정의 신모델(박완수 경남도지사), 지방 균형 발전 철학과 닮은 모범도시(우동기 지방시대위원장) 등 2023순천만국제정원박람회를 성공적으로 이끈 순천에 대한 극찬은 끊이지 않았다.

이번 박람회 성공 배경에는 여러 이유가 있지만, 그 중심에는 '노관규 리더십'을 빼놓을 수 없다. 노관규 순천시장은 취임 직후 박람회 책임자 1명을 선발하고 일하고 싶은 직원을 직접 뽑게 했다. 시장 고유 권한인 인사권을 실무자에게 위임한 것이다. 대신 조직 구성은 행정, 토목, 보건 등 다양한 직렬을 배치해 융·복합이 가능하게 했다. 박람회장에 시장실을 마련해 현장에서 즉각적인 소통과 결정하고 보완을 이뤄갔다. 노 시장의 리더십은 새로운 정치상으로 주목을 받으며 정원과 함께 '노관규 리더십 배우기' 열풍이 이어지기도 했다. 특히 기후변화로 빨라진 개화시기를 고려해 노 시장은 당초 4월 22일이었던 개장일을 4월 1일로 앞당기며, 그의 남다른 추진력과 결단력도 한 몫 했다는 평가다.

또한 순천이 7개월이라는 짧은 시간 동안 193ha에 달하는 박람회장을 완성도 있게 꾸릴 수 있었던 이유는 바로 시장과 공무원 간의 신뢰를 바탕으로 한 행정을 꼽을 수 있다. 안전사고는 전무하고 휴일도 반납한 채 이번 박람회 성공을 위해 구슬땀을 흘린 순천시 공무원들은 보이지 않은 숨은 공로자다.

무엇보다 순천의 가장 강력한 힘 남다른 눈높이를 지닌 '시민의식'은 성공의 주역으로 꼽았다. 흑두루미를 위해 순천만 전봇대 282개를 뽑는 일에 함께한 순천시민. 여기에 자원봉사자·해설사·일류플래너·모범운전자 등 4200여 명의 시민은 안전하고 품격 높은 국제행사를 이끌어 냈다.

'생태경제' 효과 원도심까지 스며들다

생태와 정원이 가져다 준 경제효과는 상상을 초월했다. 1000만 명에 가까운 소비군이 지역으로 유입됐고, 박람회 목표 수익금인 253억 원을 훌쩍 넘겨 최종 333억여 원의 수익을 창출했다. 관람객들은 박람회장을 넘어 도심 곳곳으로 퍼져나가 주머니를 열었다.

주변 상인들은 "매출액이 평소 2배에서 5배까지 증가했다, 웃장 국밥골목 조성 후 손님들이 이렇게 줄지어 있는 모습은 40년 만에 처음이다, 오천그린광장이 생긴 뒤로 카페 이용객이 늘었다. 공연이 있는

정원 열풍은 기업 유치까지 이어졌다. 한화에어로스페이스, 포스코리튬솔루션, 포스코와이드 등 6개 기업으로부터 8600억 원에 달하는 투자유치를 이끌어 냈다.

날은 대박이다…." 박람회 효과는 신도심 뿐만 아닌 원도심까지 파고 들며, 경제효과를 몸소 체감했다.

여기에 인접도시도 박람회 특수를 톡톡히 누렸다. 관광종합대책반을 운영했던 여수는 순천발 방문객이 동일 분기 대비 5.2%p 늘었으며, 광양과 보성은 박람회장에서 출발하는 시티투어와 셔틀버스를 운행, 박람회장을 찾은 관람객들을 지역으로 끌어오는 관광 대책을 꾸렸다.

대외경제정책연구원은 정원박람회로 인해 1조 5926억 원의 생산유발효과, 2만 5149명의 일자리 창출 효과, 7156억 원의 부가가치 유발효과가 있을 것으로 추정했다. 현재는 이 수치 전망도 넘어설 것으로 보인다. 순천시는 경제적 파급효과에 대해 용역을 의뢰해 분석하고 있다. 관람객 관광행태 및 지출 규모 등을 종합해 이달 중순 그 결과를 발표할 계획이다.

정원 열풍은 기업 유치까지 이어졌다. 한화에어로스페이스, 포스코리튬솔루션, 포스코와이드 등 6개 기업으로부터 8600억 원에 달하는 투자유치를 이끌어 냈다. 또한 6000억 원에 달하는 거점산단 경쟁력 강화사업 대상지에 순천 소재 주요 산단이 선정되고, 애니메이션 클러스터 산업에 2000억 원 등 기업과 정부의 든든한 지원을 바탕으로 미래 산업의 동력도 확보했다.

이러한 정량적 수치보다 더 눈길을 끄는 것은 대한민국의 새로운 움직임이다. 수도인 서울을 비롯해 행정 수도인 세종시도 정원도시 조성을 계획하고 있다. 이외에도 32개 지자체가 정원도시를 선언했다. 또한 지자체 정원 관련 부서가 24곳이 신설됐고, 자체 조례 제정이 77건으로 증가했다. 현재 전국의 지자체가 가장 많은 관심을 쏟는 정책 중 하나로 '정원'으로 꼽고 있다. 그야말로 2023년 대한민국 '정원 열풍'이다.

정원에 문화 옷 입히고…'어게인 정원'

노관규 순천시장은 2일 순천시청 대회의실에서 열린 2023순천만국제정원박람회 폐막 브리핑에서 "그동안 2023순천만국제정원박람회를 사랑해주시고 아낌 없는 응원을 보내주신 국민 여러분께 감사드린다"며 "박람회는 끝이 났지만 이는 끝이 아닌 새로운 시작이다"고 소회를 밝혔다.

노 시장은 박람회 이후 더 큰 밑그림을 그리며 "순천은 정원에 문화의 옷을 입혀 더 큰 도약에 나설 계획이다"고 강조했다. 국가정원과 도심, 순천만을 하나로 이은 정원 위에 애니메이션 산업을 입힌, 일본·미국과는 차별화된 한국판 K-디즈니를 구상하고 있다는 미래비전을 제시했다.

여기에 차세대 공공자원화시설이 들어설 연향들 일원은 미래 세대를 위한 융복합 미래산업지구로 변모한다. 주요 시설인 소각시설과 재활용 선별 시설은 지하화 하고, 지상에는 지하에서 발생한 에너지를 사용 할 수 있는 국제규격 수영장, 공연장, 복합문화 공간 등 주민 편익시설로 갖춰나갈 계획이다. K-디즈니와 함께 차세대 공공자원화시설은 순천의 새로운 도약에 강력한 힘을 발휘할 것으로 기대되고 있다.

이러한 후방산업에 대비한 국가정원 공간 개편도 이뤄진다. 오천그린광장 등 도심정원과 인접한 서문권역은 공공성을 강화해 시민들에게 개방하는 쪽으로 방향을 잡았다. 동문권역은 애니메이션 산업과 연계한 새로운 콘텐츠 개발에 집중하고, 품격 있는 화훼 연출로 수익성과 희소성을 강조할 계획이다. 자세한 운영전략은 관련 정부정책 및 시책과 연계해 다각도로 검토, 수립할 예정이다.

한편 순천시는 2023순천만국제정원박람회 폐막 후 국민 성원에 보답하기 위해 오는 5일까지 순천만국가정원과 습지 등 박람회 전 권역을 무료 개방한다. 이후에는 폐장해 내부 정비 시간을 갖고, 내년 봄꽃 개화시기를 고려해 최종 재개장 시기를 확정할 방침이다.

출처 : 서울경제(2023.11.02.)

K-디즈니 조성 박차…
순천형 문화콘텐츠 생태계 만든다

　노관규 전남 순천시장이 2023국제정원박람회 성공 개최 이후 도시의 새로운 동력이 될 문화콘텐츠 산업의 성장 가능성을 찾기 위해 미국 연수를 이어가고 있다. 20일 순천시에 따르면 미국 해외연수 중인 노 순천시장 일행은 지난 17~18일(현지시각) 이틀간 세계 애니메이션 산업을 이끌고 있는 '미국 로스앤젤레스(LA)' 견학을 가졌다. 노 시장 일행은 UCLA대학(캘리포니아대 로스엔젤레스), 디즈니랜드, 유니버셜 스튜디오 등을 방문해 교육 시스템부터 콘텐츠 제작과 유통, 놀이와 휴양까지 애니메이션을 기반으로 문화산업을 확장한 사례를 전반적으로 살펴봤다.

　첫 일정으로 노 시장 일행은 미국 내에서 가장 유명하고 오래된 문화예술 고등 교육기관으로 특히, 애니메이션 분야에서 두각을 나타내고 있는 'UCLA'를 방문했다. UCLA 대학 관계자는 "우리 애니메이션 프로그램은 감수성과 인문적 철학을 익히는 기초과정을 거친 뒤 기술 영역 전반에 대해 교육한다. 특히 스토리를 만들어내는 창작력이 중요하다. 이 모든 과정을 거친 졸업생들은 픽사, 워너브라더스 등 애니메이션 산업에 바로 뛰어들고 있다"고 소개했다.

노을 진 정원에서. 사랑하는 이들과 자연에서의 삶을 꿈꿀 수 있는 미래,
정원을 거닐며 모두가 상상의 나래를 맘껏 펼칠 수 있는 내일을 위한 의지를 다진다.

노 시장은 "AI 등 과학기술이 아무리 발전했다 하더라도 창작과 창조의 영역은 결국 사람의 영역이다. 애니메이션 산업 종사자들이 가진 생각의 힘을 키워내는 것이 중요하다"면서 "순천대가 글로컬대학30에 선정된 만큼 UCLA와 지역대학교가 연계할 수 있는 방안을 고민하겠다"고 말했다. 정병회 순천시의회 의장은 "애니메이션에 대해 많이 공부했다. 우리 순천이 애니메이션 클러스터 도시로 성장할 수 있도록 많이 지원하겠다"고 전했다.

이어 노 시장 일행은 월트 디즈니가 직접 디자인한 테마파크 '디즈니랜드'와 세계 최대의 영화 촬영 스튜디오이자 테마파크인 '유니버셜 스튜디오'를 찾았다. 디즈니랜드는 1955년에 개장한 세계 최초의 테마파크로 단순한 놀이기구 중심의 테마파크를 넘어 캐릭터가 휴양, 놀이, 문화와 결합된 융복합 산업의 집약체이다. 연간 방문자는 1800만 명으로, 순수익은 2조원에 달해 애너하임 경제의 핵심축을 담당하고 있다. 유니버셜 스튜디오 역시 해리포터, 스타워즈, 죠스 등 세계에서 내로라하는 인기 영화를 제작·배급한 곳이다. 전 세계에서 유일하게 영화 촬영 스튜디오와 테마파크 놀이기구를 한 곳에서 즐길 수 있는 곳이다.

노 시장은 "디즈니랜드와 유니버셜 스튜디오의 공통점은 문화 콘텐츠를 거대한 산업으로 확장시켰다는 것이다. 잘 만들어진 캐릭터 하나로 볼거리, 놀거리, 먹거리, 살거리까지 도시 하나를 먹여 살리고 있었다. 그곳에 종사하는 일자리만도 수만 명에 이른다"며 문화콘텐츠 산업이 미래 먹거리가 될 수 있음을 확인했다. 이어 "순천시는 천만 명을 끌어들인 매력적인 아날로그 무대가 있다. 그 위에 탄탄한 애니메이션 앵커기업을 유치하여 픽사같은 기업으로 성장할 수 있도록 판을 깔아줄 생각이다. 그 기업이 핵심 기지가 되고, 이러한 에너지를 도심 전체로 확대해 나가 순천이 하나의 디즈니랜드가 될 수 있도록 하겠다"며 의지를 다졌다. 노 시장 일행은 마지막 일정으로 물의 도시 샌안토니오 리버워크를 방문하여, 동천과 옥천 등 순천의 수자원을 활용할 방안을 찾을 계획이다.

국민일보(2023.11.20.)

한국지방자치학회

1988년부터 출범하여 35년동안 3,000명의 회원과 함께 자치분권과 국가의 균형발전을 연구해 왔다. 현재는 재정분권, 지방재정 확충까지 넓혀서 대한민국 지방정책과 관련한 부분들을 연구하고, 발표해서 정책의제들을 발굴하고 논의하고 있다. 특히 순천만국제정원박람회 기간이였던 2023년 8월 17일부터 19일까지 <중앙정부와 지방정부 및 지방정부간 협력적 거버넌스> 라는 주제로 순천만, 순천대학교에서 하계국제학술대회를 성공적으로 개최했다.

순천만정원박람회의 정책화와 시장의 리더쉽 평가

3부
한국 지방자치학회 특별세션

2023 순천만국제정원박람회
성공의 비밀

우리는
정원에 삽니다

노관규

　순천만국제정원박람회 기간에 개최된 '2023 한국지방자치학회 하계국제학술대회' 개회식에서 노관규 시장의 기조연설은 야간에 진행된 개회식으로 인해 시간 관계상 축소 진행되었다. 본 글은 기조연설을 위한 원고로서 노관규 시장의 정원 도시 구상과 지방자치 발전을 위한 소중한 의견을 담고 있다.

　도시는 경제의 엔진이고 문화예술의 총체입니다. 사실 대한민국도 지금 도시화율이 80% 정도 돼 있습니다. 대부분 다 도시에 살고 있다고 해도 과언이 아니지요. 그런데 예전에는 수도 서울만 과밀했는데, 이제는 하나의 벨트가 다 도시입니다. 이를 '수도권 벨트'라고 부릅니다. 그런데 도시는 필연적으로 경제의 엔진과 문화예술의 총체 역할을 하면서 공짜로 이 두 가지를 우리에게 준 적이 없습니다. 반드시 그 대가를 치러야 합니다.

여러분들께서 늘 뉴스에서 보듯, 갑자기 아무 이해관계도 없는데 아무 데서나 사람을 찌르고 인명을 살상하는 일들이 굉장히 일상적으로 일어납니다. 바로 도시는 이 두 가지에 대한 혜택을 주면서 정신적인 것과 육체적으로 굉장히 심각한 문제들을 우리에게 짐 지워줍니다.

미국 뉴욕의 센트럴파크가 150년 전에 만들어졌습니다. 그럼 그 당시에는 도시화율이 몇 %였느냐? 대략 5~7% 정도 했습니다. 당시에 프레드릭 로 옴스테드[1]라는 분이 이 센트럴파크를 얘기했을 때, 주변에서 전부 당신 어떻게 된 거 아니냐고 얘기했습니다. 왜냐? 대부분이 다 시골에 살고 도시화율은 5%에서 7%밖에 안 되는데 100만 평을 들여서 이런 걸 왜 만드냐고 했습니다. 그 말에 이분이 뭐라고 얘기했냐면, "만약 이곳에 공원을 만들지 않는다면 100년 후에 이 정도 크기의 정신병원을 만들 것이다." 이렇게 말했습니다. 지금 뉴욕 센트럴파크는 많으면 연간 5천만 명, 적을 때는 3,500만 명 이상이 방문하는 세계적인 관광명소가 되었지만, 뿐만 아니라 도시 전체의 허파 역할을 하고 있습니다.

순천은 천혜의 연안 습지인 '순천만' 때문에 생태를 기반으로 도시 전략을 세웠습니다. 사실 생태를 도시 전략으로 세우면 사람들은 생

---

[1] [편집자 주] 프레드릭 로 옴스테드(Frederick Law Olmsted, 1822-1903)는 현대 도시공원의 시작점에서 주요한 역할을 해낸 도시 공원 설계자이다. 개인적인 공간으로서의 조경 정원을 도시 공공의 공원으로 개념을 확장한 인물이다. 이러한 공공복지를 도시 공원을 통해 실현하고자 일평생을 노력하였다.

태는 뭘 못하게 한다고 부정적으로 생각합니다. 따라서 생태가 경제를 견인한다는 사실을 빠르게 입증해 줘야만 이 정책을 끌고 나갈 수 있는데, 저희는 2006년도에 순천만에 오는 167마리의 흑두루미들을 위해서 논바닥에 있는 전봇대 282개를 전부 뽑았습니다. 이는 세계에서도 처음 있는 일이고, 이것 때문에 제가 람사르 총회에 가서 연설도 했습니다.

그 당시 순천에는 관광객들이 연간 약 13만 명이 오고 있었습니다. 지금 여러분들이 순천만에 가시면 시원한 모습을 보는데, 이러한 과정을 거쳐서 오늘의 순천만이 만들어졌습니다. 갑작스럽게 전봇대를 뽑고 나니까 관광객이 300만 명으로 늘었습니다. 이것은 그 이면에 흑두루미 숫자가 기하급수적으로 늘어났던 배경이 있습니다.

현재, 우리가 보존하고자 하는 순천만은 늘어나는 관광객과 차량 때문에 오히려 망가지는 모순적인 상황에 직면해 있습니다. 우리 순천은 절대보존구간, 완충구간, 전이구간, 도심구간으로 전체를 분할해서 전이공간에 에코벨트를 만들기로 했습니다. 바로 이 에코벨트에, 우리나라에서는 개념도 생소한 정원박람회를 실시하게 되었지요.

정원박람회 구상으로 인해 중앙부처로부터 제가 당한 설움은 이루 말할 수가 없습니다. 왜냐? 아무도 정원을 제대로 모르기 때문에 정원으로 무슨 박람회를 하냐는 핀잔을 하기 일쑤였습니다. 특히, 그게 밥이나 먹여주는지, 왜 시골에 쓸 돈도 많은 데 대관절 이런 데 돈을 쓰느냐 하는 엄청난 비판에 직면했습니다. 작은 도시에서 괜히 이런 거 해서 지역 다 망치는 거 아니냐 이런 얘기들도 있었죠.

그런데 요즘 전국의 모든 지자체장들에게 가장 인기가 있는 사람이 바로 산림청장입니다. 왜냐고요? 다들 이거(정원박람회) 하자고 연락이 쇄도 한답니다. 저희가 2013년에 했던 정원박람회는 정원의 개념이 없었기 때문에 에코벨트 60만 평을 축소한 계획을 35만 평에 곧바로 외국의 정원을 모방해서 만드는 박람회로 치뤄졌습니다. 그것만으로도 대한민국에 완전한 정책적인 변화를 줄 수밖에 없을 정도의 큰 충격을 줬습니다. 그로부터 10년 뒤인 현재, 정원박람회가 성황리에 열리고 있습니다.

이제는 우리가 완전히 새로운 개념의 박람회를 보여주고 있습니다. 이것은 '창조하는 박람회'입니다. 왜 그런가? 이제는 단순하게 만나는 그런 박람회가 아니라 우리 정서와 문화와 그리고 우리가 살아왔던 여러 가지 역사성을 다 담아서 정원을 만들었기 때문입니다.

다른 도시에서 많은 벤치마킹을 하러 옵니다. 수도인 서울에서도 벤치마킹하러 옵니다. 그러나 정원은 예산과 인력이 있다고 그냥 되는 게 아닙니다. 정원을 만들려고 하면 그것을 만들 인문학적 지식과 철학적 높이와 깊이가 있어야 합니다. 왜 이것을 만드는지에 대한 명확한 이해가 있어야 합니다.

두 번째는 과학 기술에 대한 이해가 수반되지 않고는 정원을 만들어 낼 수가 없습니다. 세 번째는 문화예술에 대한 이해가 있어야 합니다. 따라서 정원은 대단히 전략적인 개념이라 정원 문화가 자리 잡은 나라에 중진국과 후진국은 단 한 군데도 없습니다. 모두 선진국들만이 정원에 대한 문화를 가지고 있습니다. 그 당시에 이 정원의 가드너들은 누구냐? 다른 것들은 다 하인이 하지만 가드너, 즉 정원을 만드는 사람은 모두 그 나라의 지도자였습니다. 왜냐? 한정된 면적에서 한정된 재원으로 전략을 수립하는 연습의 장이 바로 '정원'이기 때문입니다.

그래서 저는 요즘 여러 군데 강연도 하고 우리의 노하우도 알려드리지만, 늘 하는 말이 이런 얘기입니다. 이런 것들에 대한 기반을 빨리 단단하게 갖춰야지만 정원을 할 수 있다고 강조합니다. 수많은 대한민국 계획도시에서 우리 순천을 그대로 베껴다가 도시를 만들었는데, 그 도시를 아무도 정원 도시라고 하지 않는 데는 이러한 이유가 있습니다.

뒤에서 말씀드리겠지만, 현재 우리나라의 수많은 자치단체들이 우리를 벤치마킹하고 있는데요, 다른 게 하나 있습니다. 바로 '일하는 방식'입니다. 대체로 이런 일을 하면 자치단체장은 자기가 신뢰하는 사람들을 뽑아서 일하도록 보냅니다. 그들이 일을 해야지만 더 안심되기 때문에 그렇죠. 그런데 저는 그렇게 하지 않았습니다.

2013년에는 줄무늬 옷 입은 이 사람(세미나 현장에 나와 있는) 이 국장인데, 이분만 선발해서 보냈고, 나머지는 이분이 일하고 싶은 사람을 스스로 선택하게 하는, 즉 이분이 시장이 되는 그런 구조를 택했습니다. 그리고 공무원이든 일반인이든 간에 융복합을 하기가 굉장히 어렵습니다. 공무원 사회는 더 말할 것도 없죠. 옆에서 얘기하면 '야, 니 일이나 잘해' 그러는 게 우리나라 공직사회의 일반적인 모습입니다.

그래서 저는 이러한 모습에서 탈피하고자 권한을 완전히 위임했어요. 예를 들어, 지금 우리 조직위원회가 약 70명 정도 시에서 파견된 인원이 있는데, 이들을 도와주는 행안부도 있고 여러 군데 있지만 이 분에게 주무관 하나까지 선발하는 권한을 주고, 한 부서 안에 모든 직렬들을 다 넣었습니다. 일을 미룰 수 없고, 또 사람들 안에 벽을 칠 수 없도록. 그렇게 해서 2013년 정원박람회를 치렀고, 이번에 2023년도에 옆에 모자 쓴 사람이 국장인데 이 사람을 선발해서 보냈습니다. 마찬가지로 똑같은 방식으로 했습니다.

그리고 의사결정은 현장에서 즉각적으로 해줍니다. 결재판을 들고 오거나 전자결재 한다고 올리는 등 복잡함 없이 그 자리에서 바로 결정이 됩니다. 지나고 보니까 학자들이 이런 것들에 대한 평가를 이렇게 얘기를 합니다. 당신이 일하는 방식을 '변환적 리더십'이라고 한다. 그런데 우리는 그거를 알아서 이렇게 한 것은 아닙니다. 일을 해 보니까 더 효율적인 방법을 발견할 수 있었던 것이죠. 우리가 정원박람회 일곱 달 동안에 지금 보이는 모든 것을 다 만들었습니다. 단지 7달 동안에 150만 평을 저렇게 만들어 냈다는 걸 누구도 잘 믿지 못합니다. 진짜냐고 물어봅니다.

한 지역이 변하는 데에는 그에 상응하는 요건들이 있습니다. 우리가 지방자치를 실시한 지 무척 오래됐습니다. 그런데 오늘날 지역은 소멸을 걱정해야 할 판입니다. 어디에서, 무슨 문제가 있었던지에 대해서는 굉장히 많은 사람들이 얘기를 합니다. 우리 지역만 한정해서 보고 지역이 바뀌는 요소를 생각해 보면, '삼합'이 잘 맞아야 한다고 생각합니다.

삼합 중 첫째는 뭐냐? 선거에 뽑힌 리더가 세상이 어떻게 흘러가고 미래가 어떻게 변할 것인지 방향을 정확하게 제시하는 게 대단히 중요합니다. 그런데 이 사람이 이걸 제시한다고 해서 자기 선거 때 도와주는 사람을 불러다가 실현할 수도 없고, 가족이 와서 할 수도 없습니다. 그럼 죽으나 사나 누가 해야 하느냐? 공무원이 이것을 현실적으로 해야 합니다. 그래서 실력 있는 공무원이 있는 게 대단히 중요합니다. 우리 시에서 공무원들에게 여론조사를 해보면 55% 정도의 지지가 나옵니다. 적다고 생각하십니까? 어마어마하게 높게 나오는 겁니다. 제가 일을 굉장히 세게 시키는 사람 중의 하나입니다. 왜냐? 지금 공무원들은 월급도 적습니다. 어떻게 열심히 일하겠습니까? 그러니 인사를 공정히 하는 게 필요합니다. 이를 통해 성장하고 자기가 하는 일에서 인정받는 수 밖에 없습니다. 그렇기 때문에 일은 세게 시키되, 인사만큼은 공정하게, 확실하게 해주는 것입니다. 그럼 이 두 가지가 갖춰진다고 지역이 변하냐? 안 변합니다. 이거는 필요조건입니다.

결국 지역이 변하려면, 그 지역에 사는 사람들의 '눈높이'가 높아져야 합니다. 순천은 두 가지의 큰 변화가 있습니다. 하나는 농사짓는 농민들이 농사를 포기해도 좋으니 논에 있는 전봇대를 뽑도록 허락해줬습니다. 이게 간단해 보이지만 보통 일이 아닙니다. 이번에 1.2km 도로를 정원으로 만들었습니다. 대부분 사람들은 없는 도로를 내는데 왜 있는 도로를 막느냐고 얘기합니다. 물론, 우리도 반대가 있었습니다. 그러나 이것을 정원으로 만들 수 있도록 허락해 준 사람은 바로 시민들입니다. 따라서 제가 지금 박수받고 설명을 하고 있지만, 진짜로 박수받아야 할 사람은 순천 시민들입니다. 왜냐? 이분들이 순천만을 보존하기 위해서 전봇대를 뽑아내고 자신들의 불편함을 감수하고 도로를 정원으로 만드는 걸 허락해 준 사람들이기 때문입니다. 그래서 이렇게 세 가지 조건이 맞아떨어지면 비로소 그때 지역은 변화되고 발전한다고 생각합니다.

한국지방자치학회 국제학술회의가 개최되고 있는 오늘(2023.8.17~19)까지 650만 명이 오셨습니다. 대한민국 국민 9분 중에 한 분이 순천에 오셨습니다. 정부에서 우리에게 이것을 국가 행사로 승인해 줄 때 252억은 당신들이 돈을 벌어서 채우라고 그랬는데,

이미 우리는 초과 달성했습니다. 두 번째는 대한민국의 대선 후보급의 내로라 하는 사람들이 순천을 다 방문했습니다. 450개 정도의 기관단체가 방문했고, 지자체는 180군데서 방문했습니다. 왜 방문했느냐? 이제까지 우리는 아파트와 아스팔트와 자동차로 대표되는 칙칙한 회색빛에서 살았습니다. 소득 수준이 2만 불 정도 될 때까지는 아무 소리 없이 잘 삽니다. 요구 사항도 그저 행정이 만들어서 보여주면 고맙다고 그러고 삽니다. 그런데 지금은 국민 소득이 3만 불이 넘어갔기 때문에 이런 정도로 해줘서는 만족하지 않습니다.

그럼 이제 원하는 게 뭐냐? 맑고 밝은 녹색 도시에서 살고 싶어 합니다. 그런데 우리는 도시 계획을 제대로 해서 대도시나 중소도시를 만들지 않았기 때문에 엄두가 나지 않았습니다. 그런데 서울에서 제일 멀리 있는 남도 끝자락에 있는 순천이라는 도시에서 새로운 시도를 해서 대한민국 전체에 여러 생각을 하게 만드는 걸 보고 사람들이 오게 된 것입니다. 도대체 어떻게 했길래 이렇게 바뀔 수 있는지를 두 눈으로 보러 오는 것이죠. 지금도 진행 중입니다. 그래서 저희들은 대한민국의 새로운 표준과 이정표를 우리 작은 도시가 지금 만들고 있다고 여기면서 공무원들과 함께 긍지와 보람을 만들어 가고 있습니다.

또 저는 기업에서 지역을 선택하는 데 굉장히 중요한 조건이 바뀌었다는 것을 이번에 알게 되었습니다. 우리도 율촌산단부터 광양에 포스코가 있고, 여수에 국가 화학단지가 있기 때문에 아주 많은 국가 산단들이 있습니다. 지금 순천을 둘러싸고 있는 상가들은 들어갈 틈이 없을 정도로 꽉 찼습니다. 상징적인 게, 우주선을 조립하는 한화에어로스페이스가 순천에 자리를 잡았다는 사실입니다.

대부분 우주산업 하면 어디를 생각하느냐? 나로호 발사체가 있는 고흥이나 사천이나 창원을 생각합니다. 그런데 이들이 순천을 택했습니다. 왜 했겠습니까? 지금 이런 정도 회사에 근무할 젊은이들은 옛날처럼 공장 부지에 공장 지어놓는다고 가지 않습니다. 바로 내가 재충전할 수 있고 아이를 낳아서 키울 수 있고, 노후를 생각해 볼 수 있는 그런 도시의 조건을 갖추고 있느냐를 봅니다. 저는 이번에 한화에어로스페이스에서 이 부분에30%를 고려해서 순천으로 결정한 걸 보면서, 우리가 시작했던 이 방식이 시대에 부합하도록 대단히 잘했구나 하는 생각이 들었습니다.

우리는 지금까지 서해안 벨트를 얘기했습니다. 중국 시장 때문에 그랬습니다. 이제 수도권 벨트의 많은 문제를 어디서 나누어서 질 것인가 생각해 보면, 지도를 아무리 보더라도 남해안 벨트 외에는 답이 없습니다. 부산에서 목포까지 긴 벨트가 남해안 벨트입니다. 그 가운데 순천과 여수와 광양과 고흥과 남해와 하동, 그리고 보성, 구례가 있습니다. 저희는 앞으로 남해안 벨트가 대한민국의 모든 짐을 나누어질 수 있는 허브 도시로 성장할 수 있도록 박람회가 끝나는 것을 시작으로 '문화콘텐츠 사업'의 길로 나아갈 것입니다.

　이런 제안을 하고 싶습니다. 이제 대한민국은 행정 체제를 재편해야 합니다. 지금처럼 3단계 구조로 가고, 광역도 권한을 엄청나게 강화해서 국회의원 4선, 5선 하면 이후에 도지사 하면서 노후나 잘 보낼 생각으로 지방정치 쳐다보고 있으면 지방자치 다 망합니다. 이제는 기능 중심, 거점 중심으로 재편해야 합니다. 와서 보니까 특별자치도다 뭐다 해서 도매상 기능만 엄청나게 커졌습니다. 그리고 이제 도매상이 소매까지 하고 있습니다. 직접 실행 기능까지 하고 있습니다. 그러면 이 실행 기능을 광역도 하고 기초도 할 것 같으면 둘 중 하나는 없어야 합니다. 똑같은 일 하고 있으니까 그 많은 공무원들이 우왕좌왕하게 됩니다. 이거 없애야 합니다. 그거 안 하려면 거점 중심으로 체제를 개편해야 합니다.

　특히, 문제가 뭐냐? 광역도와 광역시는 경우가 다릅니다. 우리하고 하동이나 남해하고 진주하고는 교류하고 여러 가지를 협업해서 할 수 있을 수밖에 없는 경제적 여건입니다. 그래서 경자청(경제자유구역청)도 같이 있습니다. 그런데 무안하고 목포하고 함평하고는 우리하고는 아무 관련이 없습니다. 그러면 대체 일하는데 왜 이렇게 나눠놓고, 지역감정들만 다 부추기고 누구만 덕 보느냐? 우리 대한민국은 매일 큰 소리로 입바른 소리 하는 사람들만 덕 보고 있는 게 지금 지방자치의 현실입니다.

이거 어떻게 할 겁니까? 그래서 지방분권이니 재정분권이니 다른 얘기도 다 좋지만, 이 그릇을 한번 싹 뜯어고쳐야 합니다. 그리고 그 다음에 여기다 채우는 걸 제대로 채우면 얼마나 좋을까 생각해 봅니다. 물론, 제 생각이지 학술적으로 검증되고 그런 얘긴 아닙니다만, 우리가 어차피 이것도 외국에서 베껴온 것이기 때문에 손을 한번 봤으면 좋겠습니다.

왜냐? 지금 지방자치 형태를 보면 여전히 과거 조선 500년이 그대로 연결돼 있습니다. 대한민국은 대통령을 선거로 뽑는 민국으로 바뀌었는데, 시스템은 그대로 있습니다. 그래서 온갖 부작용이 생겨나는 겁니다. 그리고 이번에 국제행사 치르면서 비극적인 일이 하나 호남에서 일어났습니다.

오늘 이 자리에 모인 여러분들께 제 얘기가 조금 과격하긴 했지만, 이렇게 이야기 드리면서 마치고자 합니다. 이제는 돌아봐야 합니다.

국제정원박람회의 성공 전략은 어디서 오는가

전광섭
한국지방자치학회장

한국지방자치학회 27대 회장 전광섭입니다. 먼저, 저희 하계국제학술 세미나를 우리 순천시에서 할 수 있도록 허락해 주신 노관규 순천시장님께 깊은 감사의 말씀 드립니다.

지방 소멸 그리고 국가 균형 발전이 국가적 과제입니다. 여러분, 지금 전라남도 순천은 전라남도의 리딩 도시입니다. 전라남도의 동부권에 위치하고 있지만 많은 잠재력과 무한한 가능성을 가지고 있습니다.

지금 순천국제정원박람회만 보더라도 굉장한 큰 반향을 일으키고 있습니다. 지방 소멸이 국가적 과제이긴 하지만, 현재 수도권에 쏠림 현상은 굉장히 큽니다. 수도권이 정확하게 면적이 11.8% 정도 되는데 인구가 전체의 50% 이상 되다 보니까 국회의원의 절반이 수도권에 있습니다.

저는 순천은 천만 명 이상이 모이는 정원 국제 생태도시이기 때문에 무한한 가능성을 가지고 있고, 그런 것들이 펼쳐질 거라고 보고 있습니다.

그 중심에는 바로 우리 노관규 시장님이 계십니다. 그래서 이 순천시 특별 세션은 노관규 시장에 대한 리더십 그리고 국제정원박람회의 성공적인 전략은 어디서 나오는 건지 순천을 좀 더 공부하고 탐구하고, 특히 우리 노 시장님에 대해서 연구하고 싶었습니다. 그래서 이런 특별 세션을 만들었고, 저희 학회에서도 순천에서 3일 동안 먹고 자고 순천의 공기를 마시면서 순천을 충분하게 향유했기에 전국으로 순천을 홍보하는 홍보대사가 될 거라고 믿어 의심치 않습니다.

특히, 이번 세션은 3일 동안 100여 개의 세션 그리고 수만 편의 논문이 발제가 됩니다. 주로 지역 발전과 국가 발전을 위한 여러 가지 시대정신을 담아내고 있습니다. 그래서 이번 우리 지방자치학회 하계 국제학술대회에 끝까지 참여하시며, 아름다운 정원이 있는 순천시에서 공부하고 때로는 힐링해 좋은 기운을 받아서 가시길 바랍니다. 감사합니다.

생각이 지배당하는 나라가
선진국이 된 예는 없다

노관규
2023 한국지방자치학회 하계국제학술대회 순천시 특별 세션에
참석한 노관규 시장의 모두 발언

여러분 반갑습니다. 우선 우리 순천에서 지방자치학회를 함께하게 돼서 정말 영광입니다. 이런 결정을 해주신 회장님과 여러 회원님들 그리고 관계자분들께 진심으로 감사의 말씀을 드립니다.

이번에 대표적으로 전라북도에서는 새만금 잼버리가 열렸는데, 그건 전라북도가 주관해서 한 것이고 전라남도에서는 똑같은 국제행사에 똑같은 특별법에 똑같은 조직위원회가 했는데 여기는 순천시가 이끌고 나가서 행사를 하고 있습니다. 전라도이기 때문에 되고 안 되고 문제가 아니라, 누가 또 어떤 조직원들이 하느냐에 따라서 역량의 차이가 있다는 것을 이번에 극명하게 증명하고 있는 것입니다.

한 가지 유감스러운 것은 정치권에서 마치 호남에 돈 주면 역량이 없는 것처럼 몰아가는 데, 이처럼 호남 고립으로 나가는 것들은 대단히 잘못된 정책입니다. 우리 천하람 위원장님도 오셨는데 지도부에 얘기하셔야 합니다. 왜냐? 여러분들이 호남에서만 표 얻을 게 아니잖아요. 수도권에 나가 있는 호남인들은 어쩌자고 그런 얘기들을, 막말을 하는지 정말 제가 깜짝 놀랐습니다. 말도 안 되는 일입니다.

그래서 저는 이번에 지방자치학회가 여기에서 여러 가지 활동을 벌이기 때문에 우리가 정말 한 대목이라도 듣고 같이 공유해 가면서 지역이 조금 더 미래의 희망을 찾는 일이 되었으면 좋겠다는 생각을 해봅니다. 아까 회장님이 고향사랑 기부제도 얘기하셨는데, 죄송하지만 그런 것들은 다 일본에서 먼저 했던 일들입니다. 생각이 지배당하는 나라가 선진국이 된 예는 없습니다. 우리의 생각이 있어야 우리의 제도를 만들 수 있습니다.

그럼 순천의 정원박람회가 지금 이렇게 뜨는 이유는 뭐냐? 일본식의 설계도와 유럽식의 일하는 방식을 모두 벗어 던지고, 우리가 우리 정서와 우리 문화에 맞는 것을 우리 실력으로 새롭게 창조했다는 데 국민들이 동의한 것이라 생각합니다.

차제에 어차피 대한민국을 이끌어가는 머리 기능은 학자들이 할 수밖에 없는 일이고, 따라서 이러한 것들이 제도적으로 정비될 수 있는 새로운 이론도 정립되고, 그럼으로써 지방이 발전해서 그게 다시 국가의 발전으로 이어졌으면 좋겠다는 생각입니다.

다시 한번, 이곳 순천에서 행사를 개최하게 된 것에 진심으로 감사 말씀드립니다. 오늘 공직자들도 오시고 지역에 지방자치 활동하시는 위원님들도 오시고 그러셨는데, 잘 들어서 우리가 인접 지역과 함께 나눠가면서 상생 발전할 수 있는 기회를 꼭 만들어 갔으면 합니다. 감사합니다.

순천시 정원박람회 정책화와
노관규 시장 리더십

이정록

전남대학교 명예교수, 전남경제연구원 원장, (전)대한지리학회장

주요 연구 주제는 광양만권의 사회·경제적 변화로 여수세계박람회, 광양만권경제자유구역, 남해안선벨트 등 관련 정책과 계획 수립에 참여해 왔다. 저서에는 『지방화 시대의 지역문제와 지역 정책』, 『광양만권 잠재력과 비전』, 『지방 도시의 변화와 발전 동인』, 『글로컬 시대의 지역 발전』, 『섬진강권 역사 문화 지도』, 『무등산 자락 무돌길 이야기』등 다수가 있다.

역사와 권위를 자랑하는 지방자치학회에서 발표를 하게 돼서 대단히 영광스럽게 생각을 합니다. 이뿐만 아니라 제 고향과 같은 순천에

서 이런 큰 규모의 행사를 마련한 우리 전 회장님을 비롯한 학회 관계자 여러분에게도 감사의 말씀을 드립니다.

　오늘 제가 발표할 주제는 순천시 정원박람회 정책화와 노관규 시장 리더십이라는 내용입니다. 제가 왜 오늘 이 자리에 섰나 제가 이제 그런 생각을 해봤습니다. 그러니까 지금부터 필름을 10년 전으로 되돌려 보면, 2013년에 순천 정원박람회가 끝나고 순천은 대부분의 메가이벤트를 주최한 도시들의 골칫덩어리인 박람회장 사후 활용 문제가 순천만 국가정원으로 재개장되면서 완전히 골치 아픈 숙제가 해결되면서 전국적인 주목을 받게 됩니다. 사실상 정원박람회 개최 동안에 순천도 물론 순천에 스포트라이트를 받았지만 그건 일반적인 메가이벤트 개최를 하면 받는 그런 스포트라이트였습니다.

　그런데 끝나고 나서 지금 현재 여러분과 내가 있는 이 공간이 대한민국의 새로운 관광명소가 되면서 전국적 주목을 받게 됩니다. 그래서 저는 그때 이런 생각을 했습니다. 어떤 생각을 했냐 하면, '과연 사람들은 정원박람회가 어떻게 만들어졌는지, 정원박람회를 맨 처음에 하자고 한 사람은 누구였는지, 그 정원박람회를 준비한 사람들은 누구였는지에 대해 관심을 가질까? 아닐 것이다.' 그렇게 판단을 했습니다. 왜냐하면 2012년에 여수 세계박람회가 성공적으로 끝났지만, 세계박람회를 맨 처음 하자고 주장한 당시 여수시장이었던 주승용씨 얘기는 한마디도 나오지 않았습니다. 저는 그게 조금 아쉬웠습니다.

2010년 여수 세계박람회를 주 시장과 같이 준비한 저로서는 왜 사람들은 처음에 했던 국제적 이벤트의 추동자는 관심이 없을까 하는 아쉬운 생각으로 순천을 들여다봤습니다.

순천 정원박람회가 성공적으로 끝났다고 하는데 '과연 정원박람회를 최초로 추동한 노관규의 리더십은 알까?' 궁금해졌습니다. 아니나 다를까 그러지 않았습니다. 조직위원회가 2014년 1월에 펴낸 백서를 보면 정원박람회의 정책화 과정에 대한 얘기는 딱 10줄이었습니다. 그래서 제가 '야, 이게 성공한 박람회라고 하면 이게 어떤 과정을 거쳐서 2013년 정원박람회까지 왔는지, 그 얘기를 누군가는 정리를 해야 되겠다' 싶어서 정리를 했습니다. 이를 정리해 '2013년 순천만국제정원박람회 정책화 과정과 동인에 관한 연구'라고 하는 논문을 2014년에 발표합니다. 아마 그 논문 덕분에 오늘 제가 이 자리에 섰지 않았나 생각합니다. 오늘 발표할 내용은 제가 2014년에 쓴 논문에 들어있는 일부입니다.

서론: 지역변화와 순천시

제가 좋아하는 경제학자이자 지역개발학자가 한 분 있습니다. 아마 우리 학회 교수님들은 익히 아는 학자입니다. 스웨덴의 유명한 경제학자 뮈르달인데요. 이분은 노벨 경제학상을 받으신 분이고 자기와이프는 노벨 평화상을 받은 사람입니다. 이 뮈르달 교수는 "지역의 변화 즉 지역의 발전, 저발전, 성장, 저성장은 어떤 하나의 이벤트가 아니라 여러 요인들이 얽히고 섥켜서 만들어낸 결과다"라고 얘기를 합니다. 그 유명한 '누적적 인과 모델'입니다.

제가 한 35년 동안 전남대에서 경제지리학, 지역개발론을 강의하면서 지역의 발전, 지역의 저발전 이런 문제에 주로 관심을 가졌습니다. 그러면서 주로 지역이 가지고 있는 내부적인 요인, 또 지역과 관련된 외부적 요인 이런 요인들이 지역 발전에 중요한 영향을 미치는 것을 알게 되었고, 실제 저도 그런 요인 분석에 심취해 있었습니다. 그러다가 말년부터는 생각이 바뀌었습니다. 지역의 내부적 요인, 지역과 관련된 외부적 요인도 중요하지만, 그 지역에서 역시 사람, 특히 그중에서 리더의 중요성이 더욱 부각됐습니다.

그래서 지역사회 거버넌스 그중에서도 리더십 얘기를 하려고 합니다. 여러분은 어떻게 생각하십니까? 순천시는 지금 전국에 있는 지방 중소도시 이를테면 경북 안동, 경남 진주, 전북에 남원, 충북 충주, 강원도 강릉 이런 전형적인 지방 중소도시 중 하나입니다. 이런 지방 중소도시 중에서 가장 잘 나가는 곳이 순천입니다. 뿐만 아니라 순천은 새로운 상징으로서의 자본인 '도시 브랜드'를 갖게 됐습니다.

예전에 순천은 전남 동부지역의 중심지 그 이상도 그 이하도 아니었습니다. 그렇지만 이제는 순천 하면 대부분은 정원, 생태를 떠올립니다. 실제로 제가 2014년에 전 국민을 대상으로 여론조사를 해봤더니, 우리나라 사람들의 거의 71%는 순천 하면 생태, 정원을 연상했습니다. 이러한 것들이 앞으로 도시 발전의 지속성을 담보할 것이라고 일반 사람들도 인식하고 있는 것이죠. 그 결과가 현재 여러분과 제 앞에 놓여 있습니다.

순천의 지속적 성장을 견인한 요인
순천은 오랫동안 정치적 중심지 기능을 했다

그렇다면 순천이 현재와 같은 모습을 만들어 내는 그 원동력, 기관차 역할을 한 것은 무엇이냐? 저는 그것을 4가지로 설명해 보고자 합니다.

먼저, 지리학적 시각에서 보겠습니다. 순천이 지속적인 도시 성장을 견인할 수 있었던 첫 번째 요인은 순천은 오랫동안 전남 동부지역의 중심지 역할을 했습니다. 통일신라 이후 조선시대까지 전남의 동부지역 중심지 역할을 했고, 여기서 축적된 치소(治所)의 문화적 정치적 헤게모니가 순천으로 하여금 전남 동부지역의 중심지 역할을 하도록 두었습니다.

게다가 1936년에 전라선이 개통되면서 순천이라고 하는 도시는 날개를 답니다. 이제 순천은 전라선이 개통되면서 순천 주변 지역에서 만들어지는 재화와 용역과 서비스, 그리고 사람을 순천으로 끌어모아서 도시 발전을 추동해 갑니다.

중심지 체계에서 양호한 배후 지역이 있었다

두 번째는 순천은 중심지 이론에서 얘기하는 배후 지역, 즉 아주 좋은 배후 지역을 갖는 그런 도시였습니다. 지금 앞에서 제가 열거했던 지방의 중소도시들 중에서, 전형적인 지방의 중소도시 중에서 배후 지역이 순천처럼 좋은 곳은 없습니다.

1967년에 지금의 GS칼텍스가 당시 여천군 삼일면에 둥지를 틀면서 그게 여수 석유화학공업단지로 그리고 여수 석유화학공업단지는 또 무엇을 견인해 오느냐? 1981년에 광양제철소를 광양으로 끌어옵니다. 여수 국가산단과 광양제철소는 광양만을 경제자유구역으로 만드는 버팀목이 되었고, 그러다 보니까 컨테이너 포트도 들어옵니다. 이렇게 컨테이너 포트, 광양제철소, 여수 국가산단으로 만들어진 C자형의 산업벨트는 중간중간에 또 새끼 공업단지, 율촌산단과 해룡산단, 광양의 초남산단, 신금산단들을 만들어 냅니다.

여기에서 돈을 번 사람들은 대부분 어디 와서 돈을 쓰느냐? 순천 와서 돈을 씁니다. 순천은 가만히 앉아서 돈을 버는, 가만히 앉아도 킴스클럽이, 또 조그마한 마트도 잘 되는 아주 좋은 배후 지역을 갖게 됐습니다.

그뿐만 아니라 이 광양만권의 산업벨트는 우리나라에서 울산, 부울경 다음에 중요한 공업지역으로 성장을 해 순천은 중심지 이론에서 말하는 중심성이 계속 배가될 수밖에 없었습니다.

도시정책(친환경)의 연속성이 존재했다

세 번째는 순천시라고 하는 도시의 시 정책이 만들어 낸 연속성이라 꼽고 싶습니다. 여러분께서 잘 아시는 것처럼 순천은 1962년에 수해가 났는데, 역대 관선 순천시장의 고민거리 중 하나는 동천을 잘 관리하는 것 그다음에 그것이 수해를 만들어 내지 않도록 순천만으로 물이 잘 흘러가게 하는 치수(治水)가 핵심이었다 해도 크게 틀리지 않을 것입니다.

그런데 순천만, 동천에 대한 치수적인 접근이 민선 지방자치단체가 시작되면서 이게 그린으로 바뀝니다. 그런데 정말 바람직스럽게도 방성용 시장 1기, 신준식 시장 2기 이때는 당시 아마 행정학과 교수님은 잘 아실 겁니다. '지방의제 21' 이래 가지고 다른 도시들은 하지도 않았는데 제일 앞장서서 순천이 '지방의제 21'을 만들고 '그린 순천 21'을 시정의 모토로 삼습니다. 그다음에 시장이 된 신준식 시장님은 전임자가 했던 거를 폐기 처분하지 않고 그대로 받아옵니다. 3기에 취임한 조충훈 시장 또한 그대로 순천만과 동천에 대한 문제 의식을 갖고 시정에 반영을 합니다.

민선 4기로 취임한 노관규 시장은 오늘 얘기하려고 하는 생태 정원

순천만 에코벨트 개념지도. 개발과 보전이 공존할 수 없다는 딜레마를 극복하는 방법으로 순천은 사람이 사는 도심과 자연의 영역인 순천만을 나누어 관리해야 한다는 것을 깨달았다. 그래서 도심공간, 전이공간, 완충공간, 절대보전공간으로 공간을 구획하는 생태축(ECO Belt)을 만들었다. 절대보전공간인 순천만의 습지를 복원하고, 도심과 순천만 사이인 전이공간에는 박람회장을 건설하기로 했다.

박람회 구상을 구체화시킵니다. 노관규 시장과 정치적 이해를 달리했던 조충훈 시장은 또 노관규 시장이 만들어 놓은 대한민국 생태 수도 순천이라는 슬로건을 그대로 또 사용합니다.

저도 지방자치단체장들의 행정을 보면서 이런 경우는 많지 않았습니다. 그런데 순천은 달랐습니다. 저는 이것을 순천시가 만들어 낸 도시 정책의 지속성, 연속성으로 표현했습니다. 순천은 다른 지자체하고 달랐습니다. 이런 연속선상에서 정원 박람회가 탄생했다고 판단합니다.

노관규 시장의 창발적인 아이디어가 있었다

네 번째 순천의 지속적 성장은 저는 뭐니뭐니해도 노관규 시장의 창발적 아이디어에서 비롯되었다라고 평가합니다. 이것은 실제로 정원박람회의 정책화 과정을 조사하면서 당시 책을 썼던 고정희 박사하고 주고받은 이메일입니다. 2014년 5월 27일, 저에게 보낸 고정희 박사 이메일 내용입니다. 내용을 보시면 어쩌고저쩌고 하다가,

2007년 8월 중순 처음 순천에 갔었고, 2007년 9월 2일에 ppt를 만들어 발표했었죠.

순천만정원박람회 개최는 순전히 노관규 시장님 아이디어입니다. 제가 당시 관광과장, 관광진흥과 과장으로 계셨던 최덕림 국장님의 부름을 받고 갔을 때는 정원박람회 개최 가능성에 대한 얘기는 없었습니다.

제가 첫 발표를 하고 나서 며칠 후 노관규 시장님이 전화하셔서 순천만에서 정원박람회를 개최한다면 승산이 있겠는가라는 질문을 하셨습니다.

- "고정희의 독일 정원 이야기" 저자가 이정록 교수에게 보낸 이메일 중(2014년 5월 27일)

노관규 시장이 만들어 낸 이 창발적 아이디어가 없었다면, 오늘날 순천은 없었다고 생각합니다.

정원박람회 정책화와 노관규 시장의 리더십
중장기 계획 수립: '희망 순천 2020'

그러면 전국 지방 중소도시의 벤치마킹의 대상이 되고 있는 순천시 정원박람회의 정책화 과정에서 노관규 시장은 어떤 리더십을 보였을까요? 저는 이것을 또 4가지로 설명해 보려고 합니다.

노관규 시장은 취임 후 당시 순천시에 있는 에이스 공무원들을, 40

명인가요 국장님? 이건 제 얘기가 아니고 최덕림 국장님이 저한테 말한 건데요. 인터뷰하면서 TF를 구성해 가지고 6개월 동안 활동하면서 만들어낸 게 '희망 순천 2020'이라고 하는 자체적인 중장기 청사진이었습니다.

그런데 여기에는 박람회 얘기가 없습니다. 여전히 당시만 해도 순천에서는 순천만 습지뿐이었거든요. '희망 순천 2020' 보고를 받은 순천 노관규 시장은 순천을 우리나라를 대표하는 환경 도시로 만들면 어떨까 하는 인식을 하게 됩니다. 이것은 노관규 시장과 직접 인터뷰를 통해서 들은 얘기입니다.

방아쇠 역할을 한 고정희 제안과 노 시장의 수용

그러던 차에 저도 아직 이분을 뵙지는 못했습니다. 순천 시립도서관 사서님 혹시 지금도 계십니까?

나옥현 사서님이 '고정희의 독일 정원박람회'라고 하는 책을 당시 관광과장이었던 최덕림 씨에게 줬답니다. 그걸 읽어본 이 친절한 공무원 덕림씨는 이걸 가지고 노관규 시장에게 가져갑니다. 그리고 고정희 박사를 부르자고 합니다.

그런데 여기에 에피소드가 있습니다. 고정희 박사가 최덕림 국장의 전화를 받고 순천 오기 전에 고정희 박사는 전라남도에 정원 박람회 아이디어 제안을 합니다. 왜냐하면 당시 고정희 박사는 에버랜드 조경 사업부에 계셨거든요.

　근데 당시 박준영 지사는 우리 그런 거 안 한다고 해서 이제 그 제안서를 들고 어디다가 마케팅을 할까 했는데 최덕림 국장의 전화를 받았다고 합니다. 그래서 그때 와서 발표한 제목은 '순천시와 순천만', 부재는 '머무는 순천 다시 오고 싶은 순천'입니다. 여기에서 정원박람회 사이트는 지금 현재 이곳이 아니고 동천 언저리였습니다.

　그리고 나서 이제 노관규 시장이 순천에서 정원박람회를 개최하면 어떻겠느냐라고 타진을 하게 됩니다. 노관규 시장이 고정희 박사의 책을 통해서 최덕림 국장의 이 프로포즈를 '당신들이 한번 해보십시오'라고 하지 않고 그걸 적극적으로 수용한 게 바로 노관규 시장이 가지고 있는 리더십이라 생각합니다.

'대한민국 생태수도 순천'에 부합한 사업 발굴

　이뿐만 아니라 노관규 시장은 순천을 생태도시로 만들어야 되니까 거기에 부합한 슬로건을 만들라고 당시 기획실 직원들에게 주문합니다. 당시 양동희 기획감사과장, 허남채, 장영우, 황학종 등. 황학종 씨는 지금 아마 과장으로 계실 거예요. 이런 사람들에게 이 얘기를 해서 만들어낸 게 대한민국 생태 수도 순천이었고 대한민국 생태 수도 순천에 걸맞는 대형 프로젝트가 있어야 되니까 그 프로젝트는 전임 시장이었던 조 시장님이 순천 지명 700년 사업으로 랜드마크를 만들려고 하는 게 그게 이제 공원으로 바뀌어 지면서 오늘날 지금 얘기하는 정원박람회가 태동합니다. 그래서 정원박람회를 하겠다고 얘기한 게 대략 한 2008년 1월 28일, 당시 순천시의회 129회 임시회라고 알려져 있습니다.

또한, 노관규 시장은 정원박람회를 하자고 했고 그래서 생태 수도 지원 사업소를 만들고, 그리고 9월 18일부터 9월 26일까지 독일에 갑니다. 독일로 날아갈 때 그 가이드는 당연히 고정희 박사였습니다.

보고 와서 '야, 우리 박람회 하자'고 결심했고, 처음에는 생태 정원박람회였는데 이름을 '2013 순천만국제정원박람회'로 명칭을 통일하고, 본인 재임 중에 박람회 개최지로 확정이 됩니다.

최고 엘리트 공무원을 투입한 T/F구성과 활동

노관규 시장은 최고의 엘리트들을 T/F에 투입시켰습니다. 그리고 전권을 줬고요. 뿐만 아니라 산림청을 통해서 국제행사로 확정받기 위해서 서울의 이기정 당시 팀장과 황학종 씨 두 명을 서울사무소로 한 달 동안 파견을 시켜서 산림청과 로비 작업을 성공적으로 마무리합니다.

이후에 순천은 정원박람회를 위해서 모든 부처에 쪼개져 있는 꼬리표 달린 예산들을 정원박람회에다가 몰입하는 선택과 집중 방식을 취했고, 오늘날의 정원박람회가 만들어졌습니다.

결론: 정원박람회 정책화의 시사점

2013 순천만국제정원박람회 정책화에 영향을 미친 동인

자, 이제 제가 얘기하려고 하는 결론입니다. 오늘날 순천시가 전국적인 주목을 받고 지방 중소도시들에게 희망을 주는 그 요인을 저는 4가지로 설명을 해보고 싶습니다.

첫 번째는 순천만이 있었기 때문에 가능한 겁니다. 순천만을 잘 보존하자고 주장하는 '전남동부지역사회연구소'를 비롯한 아주 건강한 거버넌스가 순천 지역 내에 있었습니다. 그 거버넌스는 무엇을 만들어 내느냐 하면 순천시에서 친환경 정책이라고 하는 시정의 연속성을 또 만들어 냅니다.

또 하나는 순천은 광양에 신도시가 동광양시가 만들어지고 광양시로 커지고 여천시가 만들어지고 여수시가 이들을 통합해서 커지면서 순천은 3개 도시 사이에서 위협을 느낍니다. 무슨 얘기냐 하면 통일신라시대 이후 조선시대까지 전남 동부지역의 중심지 역할을 했던 그 중심성에서 중심성의 어떤 지위가 흔들리게 된 것입니다.

그러다 보니까 순천은 광양과 여수보다는 차별적인 도시정책을 해야 되고, 여수가 세계박람회를 만드니 순천도 뭔가 또 다른 이벤트를 만들어 내야 했습니다. 이런 3개 도시 간의 미묘한 경쟁과 기득권, 기존의 중심지라고 하는 중심성을 확보하기 위한 자구책이 순천을 오늘날의 모습으로 만들어냈습니다. 이런 것들을 종합적으로 조직한게 노관규 시장의 리더십이라 생각합니다.

주목받는 순천시와 노관규 시장의 리더십

지금 순천시는 전국적인 주목을 받고 있습니다. 덩달아서 노관규 시장의 리더십 또한 주목받고 있습니다. 여러분들은 지방자치단체가 주도한, 또 광역시가 아닌 기초자치단체가 주도한 지역 정책 중에서 성공 사례를 어디로 꼽습니까?

저는 5개를 꼽고 싶습니다. 제주도 올레 올레길, 전라북도 전주의 한옥마을, 순천의 습지 플러스 정원박람회, 네 번째는 조금 성격은 다릅니다마는 원주의 의료기기 클러스터, 다섯 번째는 부산의 센텀시티가 그것입니다.

네 번째와 다섯 번째는 좀 성격이 다르고요. 앞에서 얘기한 세 가지 중에서 제주도도 좀 성격이 다르고요. 그러면 전주와 순천이 남습니다. 전주하고 순천의 도시 차이는 있지만, 지자체가 주도해서 전국적인 주목을 받는 브랜드로 만든 곳은 순천이 유일합니다.

앞으로 순천이 어떤 꿈을 펼칠지, 또 노관규 시장은 어떤 리더십을 지역사회와 대한민국에 보여줄지 참으로 궁금해집니다. 감사합니다.

주제발표 영상 바로가기

〈종합토론〉
순천만정원박람회의 성공 요인과 발전방향

좌장 전광섭
임정빈 성결대
박현욱 경기대
주성돈 명지전문대
허훈 대진대

전광섭_ 사회를 맡은 한국지방자치학회 전광섭입니다. 성결대 임정빈 교수님부터 토론을 듣도록 하겠습니다.

임정빈(성결대)_ 저희 지방자치를 연구하는 많은 학자들도 가장 요즘에 이제 가장 큰 이슈가 지방 소멸을 어떻게 막을 것이냐, 지방의 발전을 어떻게 이룩할 것이냐라고 하는 측면에 관심이 많은데 그런 점에서 보면 이제 순천이 그런 어떤 새로운 희망이 아닌가라고 하는 생각을 해봤습니다. 그래서 그런 점에서도 상당히 의미가 있는 자리가 아닌가 생각했습니다.

기본적으로 우리가 지금 인구 감소의 시대에 또 지방의 소멸을 이야기하다 보면 항상 얘기하는 게 유럽의 사례가 어떠니 일본의 사례가 어떠니 등 그러한 사례들을 통해서 많이 배우려고 하는데, 그보다는 우리 순천의 사례가 훨씬 더 현장감 있고 현실적이고 또 어떤 귀감으로써 더욱 전파돼야 하는 것 아닌가 하는 생각을 해봤습니다.

그리고 그 안에는 '3합'이라고 이렇게 표현을 하시는데 우리 발표하시는 분들도 이 시장님의 강력한 리더십 그리고 공무원들의 어떤 노력 그리고 이제 시민들의 참여라고 하는 흔히 말하는 '로컬 거버넌스'가 가장 잘 작동된 곳이 바로 순천이고 그것의 어떤 결과물이 바로 순천만정원박람회가 아닌가라는 생각을 했습니다.

그다음에 교수님께서 노관규 시장님의 리더십을 '카리스마 리더십'이라고 하셨는데, 저는 카리스마적 리더십으로 담기에는 조금 더 넘치지 않나 생각을 합니다. 흔히 우리가 리더십 연구를 많이 하는데, 노 시장님에게는 카리스마적 리더십뿐 아니라 여러 변혁적 리더십도 보이고요. 다양한 리더십 그러니까 어떻게 보면 좋은 긍정적인 리더십의 전형이 아닌가 합니다.

그리고 사실은 순천의 이런 사례는 우리가 현재 기후위기 또 기후변화의 시대에 살고 있는데, 대부분 이런 기후변화나 기후위기 시대에 지방 소멸을 방지하고 지역 발전을 위해서 무슨 공장을 세우거나 어떤 SOC 사업을 중심으로 하려고 하는데, 그에 비해 기후 위기 상황에서 이 생태도시라고 하는 부분들이 상당히 시대적인 추세와 맞지 않는가 하는 생각이 들었습니다.

그리고 끝으로 순천정원박람회가 더 발전하기 위해 두 가지 제안을 드리고자 합니다. 순천 정원박람회를 정원 산업과 연계해서 장기적인 어떤 먹거리를 만들어 내는 분야들을 우리가 고민할 때라고 생각합니다. 그래서 생태적인 비전도 제시하면서 이런 정원 산업을 통한 어떤 발전을 통해서 장기적인 측면에서 순천시의 먹거리 또 지역 경제 발전에 도움이 되는 방향으로 고민할 때가 되지 않았나라는 생각을 해보았습니다.

두 번째는 이제 우리가 이제 위드 코로나를 지나서 포스트 코로나 시대로 가고 있죠. 그러다 보니까 요즘 메타버스니 온택트니 AI니 하는 4차 산업혁명의 시대에 살고 있는데, 이런 4차 산업혁명 시대에 걸맞는 전문화의 필요성에 따라, 정원박람회와 4차 산업의 전문성을 결합해서 그걸 통해서 어떤 콘텐츠를 개발한다든가 인프라를 개발해서 발전시키면 더욱 좋지 않겠나 하는 생각을 해봤습니다. 감사합니다.

전광섭_ 두 번째는 우리 박현욱 교수님께 넘기겠습니다.

박현욱(경기대)_ 경기대학교 행정학과 박현욱이라고 합니다. 보통 정책의 성공을 위해서는 기관장의 리더십 그리고 조직 구성원의 혁신 그리고 노력 그리고 시민의 협조 그리고 각종 이해관계자들의 갈등 해소 등이 중요하다고 생각하는데 저는 이 순천만국제정원박람회가 잘 된 이유들이 이러한 요소들이 모두 원만하게 되었기 때문이라고 생각합니다.

특히, 임정빈 교수님이 말씀하셨듯이 저도 여기 시장님께서 카리스마적 리더십을 갖고 계시지만 저는 기본적으로 변혁적 리더십을 탑재하고 계신 분이라고 생각합니다. 변혁적 리더십에는 4가지 종류가 있는데요. 학술적으로 이상적 영향력, 지적 자극, 영감적 동기부여, 개별적 배려가 있습니다. 아무래도 시장님께서 굉장히 카리스마를 가지고, 그러니까 제가 변혁적 리더십이라고 말씀드렸던 게 보통 변혁적 리더십에서는 이상적 영향력이 카리스마를 의미하고 있습니다. 그렇기 때문에 변혁적 리더십이 어느 정도 카리스마보다 좀 더 넓은 개념이라고 간단히 이해 하시면 될 것 같고요.

먼저, 저는 시장님이 이상적인 영향력을 발휘하시면서 카리스마를 보이셨다고 생각합니다. 시장님은 굉장히 스마트하신 분이라고 알고 있습니다. 그렇기 때문에 본인이 평소에 갖고 있던 아이디어나 혁신적인 생각들을 공무원들 그러니까 조직 구성원들에게 굉장히 강력하게 전파를 하셨고, 그에 따라 영감적 동기부여를 주셨다고 보고 있습니다. 이러한 리더십을 통해서 공무원들의 혁신 행동이나 적극 행정을 이끌어냈다고 생각을 하고 있습니다.

먼저, 저는 리더십(leadership)이 굉장히 중요하다고 생각합니다. 하지만 리더가 아무리 잘하더라도 요새는 리더십만큼 중요한 게 팔로어십(followership)입니다. 조직 구성원들이 얼마나 잘 따르고 하는 것들을 팔로어십이라고 하는데요. 그런 팔로우십을 통해서 이렇게 좀 적극 행정이나 혁신 행동을 잘해야지만 이런 시정이 잘 돌아갈 거라고 보고 있습니다. 적극 행정이나 혁신 행동을 촉발하기 위해서는 아무래도 법적으로 특별승진, 특별승급, 보너스, 성과평가 최고 등급 월차 그런 것들이 있습니다.

그리고 순천시에 바라는 게 있습니다. 지금도 잘하고 있지만 더 발전할 계획을 세워야 합니다. 요새 화두가 되는 게 초격차인데, 타 지자체와의 초격차를 어떻게 만들 수 있을지에 대해 고민하셨으면 좋겠고요.

그리고 또 다른 질문들은 외국인 관광객이 4%밖에 안 돼서 굉장히 부족한데, 이거를 좀 높일 수 있는 계획들이 중요할 것 같고요. 또 하나 문제점이 재방문율을 높이는 겁니다. 다시 오게 만들어야 합니다. 그래서 재방문율을 높이기 위한 방안들은 어떻게 생각하고 있는지 답변 주시면 감사하겠습니다. 감사합니다.

전광섭_ 세 번째 다음은 우리 주성돈 교수님 토론해 주십시오.

주성돈(명지전문대)_ 명지전문대 주성돈입니다. 제가 오늘 이 토론을 하면서 기대했던 것은 이게 국가정원 제1호라는 상징적인 의미를 가지고 있는데, 순천이 과연 이 국가정원 제1호의 위상에 걸맞게 향후 어떠한 자원을 발굴하고 연계할 것인가? 이 여부가 굉장히 중요하더라고요. 그래서 박람회와 관련된 것들은 기존의 어떤 경제적, 사회적인 경제적 효과가 계속 유발되는 부분들인데 과연 순천만과 순천이 가지고 있는 숲과 습지라는 두 가지를 통해 어떻게 하면 매력적인 도시로 만들 수 있는가 하는 것입니다.

그래서 우리가 가지고 있는 국가적 정원을 과연 순천이 가지고 있는 수많은 독특한 어떠한 문화예술자원, 관광자원과 연계해서 나아갈 것인가에 대해서 순천시에서 고민을 많이 해서 순천만이 아니고 인접하고 있는 다른 어떤 시군의 문화자원, 관광자원도 함께 연계해서 공동으로 개발하게 하는 것들이 굉장히 중요하다는 것이죠.

어떻게 보면 전남권을 중심으로 해서 중소도시의 외래 방문객들을 유입하는 것도 중요하지만, 수도권이라든가 다른 대도시의 인구를 유입하려면 결국은 그 도시에서 며칠 동안 향유할 수 있는 문화자원을 발굴을 해야 되고, 그것이 순천시만의 자체 발굴을 통해서는 전혀 이루어지지 않는다라는 겁니다. 그래서 인접하고 있는 여러 자치단체하고 문화와 관련된 부분, 그다음에 생태와 관련된 어떠한 자원을 서로 공동 발굴해서 서로 가지고 있지 않은 것들을 상쇄시킬 수 있는 형태로 나아가야 하는 것이죠. 자원을 함께 관리한다는 차원으로 가면 외부인들이 더 오랫동안 머무를 수 있는 매력적인 하나의 관광자원으로 개발이 가능하다는 것이죠.

그런 점들이 중요하고, 그다음에 국가정원 제1호라는 이 위상을 계속 유지하기 위해서는 단순히 방문객들이 해당 스팟에 와서 즐기고 가는 정도로 거치면 안 된다는 것입니다.

이제 제가 마지막으로 얘기하면, 일단 순천시에서도 왔겠지만 일단 산림청하고 그다음에 한국수목원 정원관리원이라는 것이 있습니다. 그다음에 국립수목원 이러한 쪽하고 공모 사업이라든가 지역개발 사업들을 같이 협력해서 일단 습지와 관련된 부분, 그다음에 순천을 둘러싸고 있는 숲과 관련된 부분들을 잘 유기적으로 결합시켜 하나의 생태도시로서의 더 큰 가치를 추구해 나가는 것이 순천이 앞으로 국가정원 제1호라는 그 위상을 계속 유지하는데 도움이 되리라 생각합니다.

전광섭_ 저희가 이제 정해진 시간이 얼마 남지 않았습니다. 마지막으로 우리 허훈 교수님 토론해 주십시오.

허훈(대진대)_ 지방자치학회니까 순천시가 지금 잘하고 있는 것을 여러 가지 성과가 많겠지만 지방자치라는 측면에서 한번 꼽아보면 우선 한마디로 키워드는 지방으로부터 국가를 변하게 했다. 이 키워드 하나를 들 수 있어요. 원래 이제 국립수목원 진흥에 관한 법률이라는 게 있었습니다. 그런데 지금은 거기다 국립수목원 하고 동의점을 넣고 정원을 넣었죠. 국립수목원 정원에 관한 진흥에 관한 법률은 순천시가 만든 겁니다. 그리고 이만한 정원을 만들었으니 국을 새로이 하나 내야되겠다 했습니다. 왜냐? 국가가 할 일을 대신하니까. 그동안에 공무원 수를 늘리고 조직을 늘리는 것은 인구수나 기관 수 가지고 했거든요. 그런데 순천 생태를 살려내기 위해서 정원도 만들었고 순천만도 이렇게 바꿔냈으니까 국가가 책임져라. 이런 논리들이 사실 대단한 겁니다. 지방으로부터 국가의 행동을 바꾼 거죠.

1992년에 브라질에서 리우 회의 때문에 세계적으로 환경 문제가 거론됐을 때, 순천시가 시청과 시민사회에서 '로컬의제 21'을 한국에서 최초로 했어요. 그런 세력하고 여수처럼, 광양처럼 순천만이라도 저 연양동 앞에 있는 뜰 좀 개발하고 산단이라도 끌어서 발전시키자 이게 대치점에 있었죠. 저로서는 영광스럽게도 생태 가치를 좀 더 밀었던 것들이 기억나고 그게 보람입니다.

그리고 열심히 했더니 두 번째는 지방으로부터 국가를 변화시킨다는 것중 하나가 순천 공무원들의 일하는 DNA가 바뀐 겁니다. 그게 리더십의 핵심이죠. 리더십은 조직 구성원들에게 하여금 조직 목표를 달성하는 데 조직 구성원들을 어떻게 끌고 가느냐가 관건입니다. 그런데 그게 대단한 것은 시장이 바뀌고 시장 간 경쟁을 해도 비전을 잘 세웠기 때문에 그 비전을 어떤 시장이 들어오더라도 이제 끌고 간 거고, 그게 혼자 끌고 갔으면 안 될 건데 오늘 그 얘기가 덜 나왔습니다마는 우리 첫 번째 발표한 분 같은 분들의 열정을 끌어냈죠. 이를 임파워먼트(Empowerment)라고 그러는데 열정만 있으면 안 되므로 권한 위임을 해줬죠. 권한 위임이 없었으면 전문성을 살려내기가 어렵습니다. 그걸 이제 순천시가 해낸 거고, 이것이 거기에 그친 게 아니라 일 잘하는 분위기가 전 부서에 이어져서 기적의 도서관 같은 것도 순천시가 1호로 만들게 된 것이죠. 그런 것들이 일하는 DNA를 바꿨다는 것, 그게 지금도 이런 생각을 하게 합니다.

제가 키워드 3개를 말씀드렸어요. 하나는 순천이 국가를 바꿨다, 더 일하는 DNA로 바뀌었다, 순천이 다른 지방도 바꿨다. 이렇게 되면 이것이 순천의 역사로 잘 정리돼야 됩니다. 그게 이제 백서가 됐든 청서가 됐든, 과거를 말하든 미래를 말하든, 이런 것들이 정리가 돼서 우리 지방자치 수준이 한 단계 성장하는 그런 계기가 순천의 성공 사례로부터 잘 나오길 바랍니다. 시간이 적기 때문에 이 정도로만 말씀드립니다. 고맙습니다.

전광섭_ 감사합니다. 시간이 많이 지체된 것 같습니다. 그러면 이상으로 2023년 한국지방자치학회 하계 국제학술대회 순천시 특별 세션을 모두 마치도록 하겠습니다. 여러분 감사합니다.

토론 영상 바로가기

관람객 700만 명을 돌파한 추석 연휴에 오천그린광을 가족과 함께 방문했다.

순천만국제정원박람회를 마친 이후 나의 오늘을 가능케 한 가족들의 이야기를 담은 자서전을 다시 읽어보았다. 20여 년 전 『나는 민들레처럼 희망을 퍼트리고 싶다』는 제목의 이 자서전에는 내가 '정원'과 '순천만' 그리고 생태환경에 큰 관심을 두게 된 유년 시절의 이야기도 담겨 있다. 앞쪽에는 기자의 질문에 대한 답변에서 시작하여 뒤쪽에는 정원박람회를 방문하는 과정에서 수많은 관람객과 시민들이 던진 질문들에 대한 답변을 담고 있다.

국제정원박람회를 마치고, 순천만에 서다

4부

20년 만에 다시 읽은 나의 자서전

2023 순천만국제정원박람회
성공의 비밀

고졸 검사 출신으로
DJ 권유로 정치권에 입문하다

2023년 순천만국제정원박람회가 성황리에 마무리되었다. 윤석열 대통령 부부가 참석해 화제를 모으기도 했다. 중심에는 노관규 순천시장이 있다. 노 시장은 고졸 검사 출신으로 김대중 전 대통령(DJ)의 권유로 정치권에 입문해 다양한 정치행보를 보여 왔다. 일요신문이 2023년 4월 26일 순천만국제정원박람회장에서 노 시장을 직접 만났다.

기자_ 순천에서 고등학교를 졸업하고 바로 서울로 올라왔다.

노관규_ 처음 서울로 올라왔는데 일할 곳이 없었다. 그러던 중 아는 사람이 구로3공단에 있는 장갑공장 있는데 한번 다녀볼 거냐고 권유해서 공장 노동자로 일하게 됐다. 근데 다녀보니 계속 공장에 있어서는 인생이 안 되겠다 싶어 때려치우고 공무원을 해야겠다고 생각했다. 시험 보려고 과목들을 훑어보니까 그때 세무공무원은 수학을 안 봤다. 내가 수학을 못했다. 그래서 세무공무원 시험을 봤는데 운 좋게 합격을 했다. 청량리·도봉·종로세무서, 중부지방국세청 등 세무공무원을 7년 정도 했다.

기자_ 그러다 다시 사법시험을 봐서 검사가 됐다.

노관규_ 원래 내 어릴 적 꿈이 검사였다. 당시 넷째 동생이 서울 보성고를 다녔다. 공부 안 하고 책상에 엎드려 자는 걸 혼내고 봤더니, 고시 합격생들 수기 책을 보고 있었다. 그걸 뺏어서 읽어보니 나보다 학벌 낮은 사람들도 합격을 많이 했더라. 그래서 책 읽고 3일 만에 사표를 냈다. 당시 나이가 스물일고여덟이었다. 그렇게 4년 6개월 준비해서 사법시험에 합격했다.

기자_ 대검 중수부에서 굵직한 사건들을 전담했다.

노관규_ 내가 검사 때 상당한 사고뭉치였다. 당시 한국 검찰은 계좌추적밖에 못했다. 자금추적은 하지 못했다. 내가 자금추적에 대한 기본적인 설계를 한 사람이다. 국세청 7년 다닌 게 엄청난 효과를 본 것이다. 특수수사를 하다 보니 대검 중수부에서 나를 눈여겨봤다. 이정수 당시 대검 수사기획관이 전화를 해 '노 검사 마음에 들었다'며 '자금흐름 추적하는 거 처음 봤다고 아마 나하고 일할 일이 언제가 있을 거야' 그러더라. 그리고 1년쯤 지나 중수부장에게 중수부로 빨리 오라는 전화를 받았다. IMF 외환위기가 터져 난리가 났을 때였다. 초임 검사가 아무 것도 모르고 중수부로 갔다. 가니까 기획관들이 한다는 얘기가 '너 왔으니 우리는 간다. 근데 내일 정태수 회장 온다니까 알아서 해라'하고 맡기고 가더라. 그렇게 한보그룹 사건을 맡았다. 이어 연달아 김영삼 전 대통령 차남 김현철 씨 비리 수사도 하게 됐다.

기자_ 김대중 당시 대통령 권유로 정치권에 입문했다.

노관규_ 대검 중수부에 있다가 복귀한 곳이 의정부지검이다. 거기서 내가 대한민국 최초로 법조비리 수사를 하게 된다. 판도라의 상자였다. 정말 어려웠다. 결국 수원지검으로 쫓겨나 수사권을 뺏겼다. 공판부로 배정된 것이다. 지검장이 바뀌면서 특수부로 복귀하긴 했다. 그러던 어느 토요일 오후 4시 30분쯤 청와대에 연락을 받았다. '김대중 대통령을 도와줘야 되겠다'는 거다. 그날 저녁 11시 30분에 지검장 집에 찾아가서 사표를 내고 30분 만에 정치인이 됐다. 현직 검사가 정치인이 된 게 내가 두 번째다. 먼저가 이한동 전 국무총리. 다만 이 전 총리는 부장검사 때 차출됐고, 나는 평검사로 차출됐다.

기자_ 김대중 전 대통령과 그 전에 인연이 있었나.

노관규_ 전혀 몰랐다. 동교동계에서 내가 안 사람은 권노갑 고문이었다. 왜냐면 당시 중수부에서 수사를 받고 구속됐으니까. 당시 권노갑 고문이 날 보자고 했다. 내가 권 고문을 찾아가서 '날 아느냐'고 물으니 '모른다'고 하더라. 중수부에 전라도 검사가 있는 게 신기해서 찾았다고 했다. 또 '수사하는 것과 공판 과정을 봤는데 당신 대단한 사람이더라'라고 칭찬했다.

기자_ 김대중 전 대통령 권유를 왜 받아들였나.

노관규_ 당시 상황을 이해해야 한다. 그때만 해도 전라도 출신은 대단히 어려운 공직생활을 해야 했다. 누가 끌어줄 사람도 없고 하니까.

그런데 갑자기 김대중 총재가 대통령이 된 것이다. 김대중 대통령이 나에게 뭘 해줄 것도 아닌데 '드디어 우리가 족쇄에서 벗어났구나' 느낌을 받았다. 그런 김대중 대통령이 도움을 요청하는데 내가 '안 된다, 된다' 이런 얘기를 할 수 없었다. 그래서 16대 총선 지역구도 험지인 서울 강동갑에 자원했다. 당시 상대가 이부영 한나라당 원내총무였다. 원내총무를 하며 김대중 정부를 얼마나 힘들게 했는지, 내가 이부영 후보를 잡아야겠다 생각했다. 하지만 결국 낙선했다. 낙선하고 오히려 당 예산결산위원회 초대 위원장, 대통령 특보, 부대변인 등 감투라는 감투는 다 쓰며 중용을 받았다.

기자_ 정치를 그만두려고 하다가 순천시장에 당선됐다.

노관규_ 노무현 정부 들어서도 당에서 열심히 일을 했다. 그런데 당이 열린우리당으로 쪼개졌다. 나는 김 전 대통령과 의리도 있고 민주당에 남았다. 그 와중에 큰아들 몸도 안 좋고, 정치에 신물도 난 상황이라 당에 사표를 내고 고향으로 내려가려고 했다. 당 사무총장이 만류하면서 17대 총선에 고향 순천에서 경선을 해달라고 부탁하더라. 끝까지 버티다가 결국 17대 총선 순천 민주당 후보로 출마했는데, 노 전 대통령 탄핵정국에 낙선했다. 이렇게 된 거 정치 안 한다고 지리산에 한옥 지으러 갔다. 칩거에 들어갔는데, 순천시장이 구속돼버렸다. 당에서 연락이 와 '후보 좀 구해달라' 해서 몇몇 인사에 부탁했는데 사람을 구할 수 없었다. 그러자 당에서 '그럼 당신이 출마하라'고 다시 요청을 했다. 이때도 버티다 대타로 나와 당선이 돼 2006년 순천시장에 처음 오르게 됐다.

기자_ 순천시장 재선과 3선은 무소속으로 당선됐다.

노관규_ 당초 나는 순천시장을 한 번만 하려고 했다. 시장으로 순천만국제정원박람회 재단법인을 만들고 조직위를 구성하려는데 출연금 5,000만 원이 필요했다. 그런데 지역구 의원 등이 이걸 못하게 막는 거다. 또한 열린우리당과 꼬마민주당이 합당하면서 공천 문제가 생겼다. 그래서 할 수 없이 탈당하고 무소속으로 출마해 당선됐다. 이번에 3선 때도 공천문제로 탈당 후 무소속 당선이다.

기자_ 민주당 간판으로 국회의원에 출마하면 낙선한다.

노관규_ 이상하다. 국회의원은 4전 4패고, 시장은 3전 3승이다. 외부적 여건이 안 맞는 것 같다. 민주당도 문제가 있다. 게리맨더링으로 법에 단일 행정자치단체의 동을 쪼개 다른 지역에 붙이지 못하게 돼있다. 순천은 이것을 어기고 지역구를 마음대로 분구했다. 더 나아가 당 지도부가 전략공천해 낙하산 후보를 내려 보내기도 했다. 민주당은 김대중 전 대통령 이후 호남은 전략공천한 적이 없다. 경선의 기회는 줘야 할 것 아니냐. 민주당 지도부가 호남을 어떻게 바라보고 있는지 상징적으로 보여준 것이다. 선거구 문제 해결하지 않으면 민주당은 호남에서 표 달라고 하면 안 된다.

기자_ 2021년 민주당 대선 경선 때 이재명 당시 경기지사 지지를 선언했다. 이재명 캠프 전남지역 특보단장도 맡았다. 이재명 대표 하에서 민주당 입당 계획 있나.

노관규_ 내가 선대위 총괄특보단 정무기획단장도 했다. 최진석 국민의당 상임선대위원장과 이재명-안철수 단일화 협상창구였다. 물론 협상에는 실패했지만. 이재명 대표와는 연락도 하고 정치적 인연이 있다. 정성호 의원과도 친하다. 민주당 입당 계획은 아직은 없다. 지금은 시장으로 역할에 충실하게 할 것이다. 시장은 정당과 큰 관계가 없다. 무소속이라 오히려 여기저기 신경 안 쓰고 시정이 자유롭다. 나중에 당에서 복당하라는 입장이 나오면 그때 가서 고민할 문제다.

기자_ 현재 정치권에 대한 국민 비판이 크다.

노관규_ 양당제가 깨져야 한다고 본다. 국민의 선택권이 너무 없다. 특히 영호남은 더욱 그렇다. 또한 민주주의 사회에서 중앙당의 권력이 세서는 안 된다. 기초지방자치단체 공천제도 폐지론자다. 생활 모든 영역에 정치가 지나치게 깊숙이 들어와 있다. 갈등을 조장한다. 한국이 자체 우주선을 쏘아 올리는 21세기에 정치는 아날로그도 못 벗어난 것 같다. 과거 DJ 때보다 더 후퇴한 것 같다.

기자_ 내년 총선을 앞두고 제3지대 신당 창당 목소리도 나온다.

노관규_ 의미 있다고는 보는데 그만큼 파괴력이 있는 사람들이 나설지 주의 깊게 봐야 한다. 나는 지금 한국 정치의 가장 큰 문제가 시대의 어젠다가 뭔지 모르고 있다는 것이다. 이렇게 정치가 표류해 미래 세대들에 정치 혐오증이 점점 더 커져 결국은 본인들과 전혀 관계 없는 사람들이 자기의 운명을 결정하는 정치 구도로 가버리면, 대한민국은 선진국이 아닌 후진국으로 갈 거다. 그래서 나는 지자체 하나라도 외국에 내놓고 경쟁할 수 있게 해보자는 목표다.

출처 : 일요신문(2023.04.27.)

무소속 출신의 3선 순천시장의 정치철학과 행정의 비전

기자_ 취임 1년도 안 돼 성과를 나열하기도 힘든데요.

노관규_ 경전선 도심 우회 문제, 도시의 미래를 보고 현재 진행 중인 2023순천만국제정원박람회, 대한민국 우주산업 중심에 서고 있는 순천, 여기에 이차전지 등 미래첨단산업까지…. 중소도시(순천)가 전남을 넘어 대한민국 축을 흔들고 있다는 것이 가장 큰 성과라고 생각합니다. 더 열심히 뛰겠습니다.

기자_ 이제 본격적으로 정치 얘기 해볼께요. 민주당이 미울 만도 한데요.

노관규_ 밉다기 보다 섭섭한 것이 많습니다.

기자_ 왜죠.

노관규_ 굉장히 어렵게 사법시험 합격해서 현직 검사가 사표를 내고 아무도 가지 않으려고 했던 지역구 험지(16대 총선 당시)인 서울 강동갑에 자원했습니다. 정말 자원해서 나갔습니다. 모든 인생을 당에 던졌습니다. 그다음 과정에서 민주당은 불합리하고 섭섭하게 했습니다. 지난 총선에서 민주당은 호남에서 낙하산 공천을 했습니다. 민주당에서 호남을 어떻게 보고 순천을 어떻게 보는지 상징적인 일로 보여 집니다. 해서는 안 될 일입니다.

기자_ 사실상 민주당 일당 체제인 전남에서 유독 순천에 가혹하다는 생각이 드는데요.

노관규_ 당시 자신들(민주당)이 정권을 잡고 있었고, 전남지사에 단체장까지 민주당이었습니다. 그런데 경전선과 관련 도심 통과를 결정해 놨습니다. 말이 되는 일입니까. 여기에 5만 명 도시 떼다가 법도 위배해 가면서 기형적 선거구(순천)를 만들어 놨습니다. 정말 웃기는 것은 여수와 순천에만 검사장 출신 국회의원이 3명이나 됩니다. 민주당에서 검찰 그렇게 욕하면서, 순천의 경우 고검장 출신을 내려 꽂았습니다. 스스로 모순된 행동 아닙니까. 꽂기식 공천으로 도대체 얻은 것이 무엇인지 되묻고 싶습니다. 민주당은 호남과 순천 자체를 무시하고 있다는 생각밖에 안 듭니다. 민주당은 진짜 반성해야 하고 순천시민들에게 백 번이고 사과해야 합니다. 나중에 진심으로 물어보고 싶습니다. 이해찬 대표(당시 민주당 대표)에게. 왜 이런 결정을 하셨는지….

기자_ 국회의원은 안 되고 시장은 허락하는 순천시민입니다.

노관규_ 잘 모르겠어요. 시민들이 보기에는 완전히 순천의 판을 바꿔주는 시장 역할이 시대적으로 당신이 맞는 것 아니냐는 판단을 하신 것 같습니다. 시민들에게 오히려 물어보고 싶습니다.

기자_ 호남 정치에 포스트 DJ 찾기가 힘듭니다.

노관규_ 제가 생각하기에는 민주당에서도 호랑이 새끼를 키우는 것이 맞습니다. 호남을 만만하게 보니까 민주당은 고양이만 원하는 것 같습니다. 호남에서 지도자급으로 클 수 있는 인재들을 발굴하거나 키워내는데 중앙(민주당)에서 소홀했지 않나 생각이 듭니다. 호남은 꽂기만 해도 되는데 하고 말이죠.

기자_ 민주당에서 스타 호남 정치인 배출을 일부러 꺼린다고 보시는 건가요.

노관규_ 제가 봤을 때는 그렇습니다. 치열하게 경쟁하고 살아남아야 사자도 맹수가 됩니다. 맹수들이 잘할 수 있는 정치 여건을 만들지 않고 있는 것 같습니다. 지금까지 민주당이 호남에 하는 여러 가지를 보면….

기자_ DJ와 각별한 인연도 많은 회자가 되고 있습니다.

노관규_ 고졸 출신인 제가, 그 어렵게 사법시험 합격했는데 험지 출마를 강행할 수 있겠습니까. 그분(고 김대중 전 대통령)의 권유가 아니었으면 당시 총선에 나갈 이유가 없었죠. 어마어마한 난관을 뚫고 대통령이 됐는데, 저는 뭐라도 할 수 있으면 영광이다라는 생각으로,

사표(검사) 내고 바로 정치인으로 변신해서 민주당에서 가장 꺼리는 험지에 자원해서 나갔습니다. 대한민국 대통령 중 DJ 이후에는 국가적 아젠다를 제시하는 지도자는 아직 나오지 않은 것 같습니다. 정말 시대가 어디로 가야 하는 방향을 올바르게 제시하는 대통령이었습니다. 저는 김대중 대통령과의 끈을 지금까지 놓지 않고 있습니다. 한 번도 스스로 당적을 바꾼 적 없습니다. 무소속이면 무소속이지. 하지만 자기들끼리 당 찢고 하는 사람들이 주류가 되고 있습니다. 조금 그렇습니다.

기자_ '노작가'라는 기존 별명에 최근 '노스타'라는 별명도 나옵니다.

노관규_ 스타요? 과찬입니다. 정말 스타가 좀 됐으면 좋겠습니다.

기자_ 그만큼 전국적으로 이슈를 몰고 다닌 정치인으로 보여 집니다.

노관규_ 강연을 오라는 데가 많은 것 보니까 꽝은 아닌 것 같습니다. 서울 이어 세종에서도 강연 요청이 왔습니다. 지금까지 시대적 아젠다를 잘 짚고 잘 이끌고 있다는 것이 좋은 평가를 받아 인정받고 있는 것 같습니다.

기자_ 속 시원하게 물어 보겠습니다. 민주당 입당 하십니까.

노관규_ 지금은 이 상태로 시장직을 열심히 하는 것이 우선일 것 같습니다. 나중에 이런저런 얘기들이 있지 않겠습니까. 그 시점은 제가 정할 게 아닌 것 같습니다.

기자_ 그렇다면 3지대 신당도 염두에 두고 있나요.

노관규_ 현재 당위성은 있는데 3지대가 성공한 사례는 많지 않습니다. 하지만 정치 공학상으로는 양당 체제 보다는 의미 있는 정당이 있으면 좋겠다는 생각입니다. 3지대 생각은 전혀 고려하지 않고 있습니다. 3지대 쪽에서 연락이 와 이런저런 의사를 물어 봅니다. 지금은(3지대 신당) 정말로 신중하고 굉장한 준비를 해야 합니다.

기자_ 요즘 상급 기관인 전남도가 순천 때문에 체면 선다는 여론이 많습니다.

노관규_ 순천이 전라남도 체면 살렸다면 다행이면서도 기분 좋은 얘기입니다.

기자_ 전남지사와 갈등도 많은 이슈가 됐습니다. 요즘 사이는 어떤가요.

기자_ 남들이 사이 안 좋게 이야기들을 하는 것 같은데 제가 먼저 문제를 일으킨 적은 한 번도 없습니다. 경전선 도심 우회(전남도 정책 실패)도 그렇고, 한화 유치 과정에서도 사실상 순천을 배제한 것은 전남도였습니다. 저는 도지사 부하 직원이 아닙니다. 순천시장으로 순천에 도움이 되는 일이라면 목소리를 내야 하는 것은 당연합니다. 그것이 밖에서 파열음으로 비춰줬을 뿐이지, 김영록 전남지사와는 형·동생으로 부를 정도로 잘 지냅니다.

기자_ 민선7기 전남도와 민선8기 전남도는 확연히 다릅니다.

노관규_ 제가 도정에 대해 평가하는 것은 결례라고 생각합니다. 단, 전남도가 혁신적으로 바뀌어야만 미래 지향적으로 갈 것이라는 이야기를 여기저기서 듣고 있습니다. 전남도는 지나치게 정치 공학적으로 흘러가는 것 같습니다.

기자_ 1년 여 앞으로 다가온 총선은 어떻게 전망 하십니까.

노관규_ 민주당이 절대 다수가 되기는 힘들 수도 있겠다는 생각이 듭니다. 전남을 비롯한 광주에서도 민주당에 대한 불만이 많이 나오고 있는 것은 사실이고요. 순천을 비롯한 과거식 공천을 하면 안 됩니다. 순천만 보더라도 기형적 선거구입니다. 용납할까요. 과연 도민들이 어떤 생각을 갖고 있을까요. 야당으로서 깊이 생각해야 합니다. 아니면 스스로 무덤을 파는 것일 겁니다.

기자_ 표를 몰아준 민주당에 대한 전남도민들의 실망감이 큽니다.

노관규_ 여당일 때인 민주당에서 호남에 무엇을 했는지, 현재는 야당인 민주당에서 많은 생각을 해야 할 것입니다. 지난 지방선거(전남) 과정을 보면 민주당에서 공천 참사를 일으켰는지 결과에서도 뻔히 나타납니다. 7곳(시장·군수)이 무소속 당선됐습니다. 공천과 관련된 사람들이 정치적 책임을 져야 하지 않겠습니다. 민심을 제대로 읽어야 할 것입니다.

기자_ 순천을 비롯한 동부권은 더더욱 요동치는 것 같습니다.

노관규_ 실질적으로 많이 요동치는 것 같습니다.

기자_ 전남을 비롯한 호남에서 국민의 힘 국회의원이 탄생할까요.

노관규_ 잘 모르겠습니다.

기자_ 민감한 질문 하나 하겠습니다. 조금 이른 감이 있지만 추후 정치 행보로 전남지사 출마설도 나오던데요.

노관규_ 이번 순천만국제정원박람회가 성공적으로 이끌어져 이런 이야기가 나오고 있는 것 같습니다. 저를 이 정도로 생각해 줘서 감사한 일입니다. 지금은 다른 것을 다 떠나 순천 발전을 위해 더 노력해야 할 때입니다. 정치적 목표를 정하는 건 허망한 일이라는 걸 누구보다 잘 알고 있습니다. 지금은 오로지 순천과 시민들만 바라보겠습니다. 좋은 시장보다 도시의 판을 바꾸는 시장이 되고 싶습니다.

기자_ 시장님과 인터뷰하는 내내 시간이 가는 줄 모르겠습니다.

노관규_ 저도 모처럼 정치 이야기를 많이 꺼낸 것 같습니다.

기자_ 마지막으로 순천시민을 위해 한 말씀 부탁드립니다.

노관규_ 10년 정도 무관(정치인)으로 있으면 사실상 폐기처분 수순입니다. 다시 손을 잡아 준 시민들, 중요할 때 시장자리를 앉혀 준 시민들이 아직 애정을 버리지 않은 것 같습니다. 정말 감사할 일입니다. 마지막 배려에 대해 실망시키지 않게 보여드리겠습니다. 나중 행보(정치적)는 시기상조입니다. 시민들에게도 결례입니다. 시장을 하는 동안 전남을 넘어 남해안벨트 허브 역할을 할 수 있도록 기초를 단단하게 다져나가겠습니다. 혼자가 아닌 인근지역들과 함께 풀어 나가고 싶습니다. 멀지 않은 시간 경전선이 뚫리고 다양성이 사라진 수도권 일극 체제에 대한 부작용, 지역은 소멸 위기가 더욱 빨리 찾아올 것입니다. 이 문제를 해결하기 위한 국가균형발전의 초석, 남해안벨트 조성에 대한 시계가 빨라져야 할 것입니다.

오후 3시 30분부터 시작한 노관규 순천시장과의 인터뷰. 궁금한 게 많았나 보다. 1시간 정도 예상한 인터뷰였지만, 시계 바늘은 이를 훌쩍 뛰어넘은 오후 5시 30분을 향하고 있었다. 그동안 수많은 인터뷰를 해왔지만, 이번 인터뷰는 긴 여운이 남는다. 노관규 시장을 먼저 떠나보내고 한참 동안 순천만국제정원박람회장을 서성였다. 그동안 호남정치에 DJ 이후 사라진 스타 정치인이 탄생할 수 있을 것이라는 조심스러운 확신마저 들었다. 어둠이 지고 있는 이곳 박람회장에서 마음 한켠에 묵직한 울림마저 다가왔다. 대중들은 노관규 시장을 주목한다. 현재 그에게 부여된 미션은 지방도시에게도 희망을 주는 일이다. 생태로 전국을 강타한 순천이 보여준 모습은 소멸 위기에 처한 지역에 희망을 던져주기에 충분해 보인다. 노관규 시장의 정치력이 어디까지 미칠지. 앞으로 어떤 리더십을 펼쳐 나갈지. 그의 정치적 행보가 무척 궁금하다. 기대된다 순천, 그리고 전남.

2023순천만국제정원박람회장에서 노관규 순천시장과 인터뷰를 마치며.

출처 : 서울경제(2023.06.19.)

〈나는 민들레처럼 희망을 퍼트리고 싶다〉 는 자서전을 출간한 이유

질문_ 노관규 시장님은 20년 전에 자서전 한 권을 출판하고 그 뒤로는 그 어떤 자서전도 출간하지 않은 것으로 알고 있습니다. <나는 민들레처럼 희망을 퍼트리고 싶다>는 자서전을 출간한 목적이나 이유는 무엇인가요?

노관규_ 처음 책을 엮어야겠다고 마음을 먹고 나서도 저는 한참 동안이나 망설였습니다. 살아온 생을 정리하며 수굿하게 살아온 세월을 뒤돌아 볼만한 나이도 되지 못했고, 그렇다고 남보란 듯이 소문나게 무엇을 이룬 바도 없으면서 책을 펴내는 것이 과연 무슨 의미가 있는지, 치졸한 저의 개인적인 욕심은 아닌지 하는 생각이 들었기 때문입니다.

그럼에도 불구하고 당시에 제가 책을 펴내야겠다고 생각한 이유는 세 가지입니다. 첫째는 남들이 모두 부러워하는 삶, 남들 앞에 자랑스럽게 내보일 수 있는 삶만이 중요한 게 아니라는 깨달음 때문입니다. 우리가 흔히 뭉뚱그려서 '이름 모를 들꽃'이라고 표현하는 들꽃들도 사실은 우리가 이름을 모를 뿐이지, 그 들꽃들은 제각각 제 이름을 가지고 제 본성껏 살아가고 있을 것입니다.

저는 고등학교 졸업의 학력이 전부인 촌놈 출신으로, 구로공단의 산업전사(공돌이)였다가, 세무공무원에서 사법고시를 타고 넘어서 검사생활을 두루 겪어 왔습니다. 이런 흔하지 않는 이력을 가진 저 역시 사실은 사회에서 흔히 말하는 입신출세니, 뭐니 하는 것과는 애초에 달라서, 결국은 무엇을 이루었다기보다는 부끄럽기 때문에, 제가 무엇인가 조금 이루었다면 그걸 이루기 위해 주위 분들의 엄청난 도움을 받았다는 사실을 알리기 위해서라도 저는 당시에 책을 펴내야 한다고 생각했습니다.

질문_ "이름 모를 들꽃'이라고 표현하는 들꽃들도 사실은 우리가 이름을 모를 뿐이지, 그 들꽃들은 제각각 제 이름을 가지고 제 본성껏 살아가고 있을 것"이라는 표현이 참 인상적이네요. 그렇다면 <나는 민들레처럼 희망을 퍼트리고 싶다>는 자서전을 20여년 전에 출간한 또 다른 이유는 무엇인가요?

노관규_ 사실 대외적으로 잘 공표하지 않은 저만의 비밀스러운 약속과도 연결되는데요. 그것은 다름아니라 아프고 괴로운 상황에서 어떻게 그런 상황을 뛰어넘을 수 있는 것인지 함께 고민해 보고 싶었습니다.

그 황폐하기만 했던 구로공단 시절, 그러나 그곳에서 제가 배운 것은 가슴이 무너져 내리는 듯한 자포자기와 차가운 세상에 대한 공포만 배운 것은 아닙니다. 저를 포함한 동료들이 그렇게 비틀거리고 사는 것은 결코 게으르거나 나태해서가 아니라는 것 또한 배웠습니다.

우리는 왜 그때 서로 감싸 안고 살아가야만 한다는 것을 몰랐을까요. 그 아까운 청춘을 허비해 버리지 말고 서로 끌어안고서 각자의 길을 서로 찾아줄 생각을 하지 못했을까요.

제가 운 좋게 세무공무원을 거쳐서 검사생활을 할 때에 만난 세상은 구로공단에서 만난 세상과는 전혀 다른 세상이었습니다. 제가 구로공단에서 만난 세상과 에 만난 세상이 달랐다고 말했지만, 사실 세상이 달랐겠습니까? 그 세상을 살아가는 처지가 달랐겠지요. 제가 어려울 때 만났던 동료나 친구들보다 더 나을 것도 없는데, 나만 괜히 사회적으로 이득을 누리며 살고 있다는 그런 미안함이 내내 제 머리에서 떠나지 않았습니다.

억장무너지는 가슴아픈 이야기

질문_ 시장님이 이 책을 출간하게 된 중요한 이유 중의 하나인 "억장 무너지는 사연을 가슴에 품고 말없이 살아가는 그런 가슴 아픈 이야기"가 있는가요?

노관규_ 제가 첫 번째이자 마지막 자서전을 출간한 셋째 이유는, 제 큰아들인 원호에 대한 제 다짐 때문입니다. 애반스증후군이란 불치의 병을 앓고 있는 원호는 병이 악화되어 초등학교를 다니다 말고, 집에서 혼자 놀다가 그림을 그리기도 하고 물끄러미 세상을 바라보기도 하는, 생각이 많은 아이입니다.

억장이 무너져 내리는 일이지만, 얼마나 어떻게 살아갈지도 모르는 원호에게 제가 해줄 것이라고는 원호에게 부끄럽지 않은 '자랑스러운 아빠'가 되는 길뿐이라고 생각했습니다. 명예나 돈과 상관없는 원호에게 아빠가 자랑스러울 때가 언제겠습니까?

넉넉하게 세상의 아픔을 같이 나누는 것일 테지요. 원호의 꿈이 '자기처럼 아픈 사람들을 슬프지 않게 하기'라고 했으니까, 제가 할 수 있는 일은 그 아픔을 함께 감당하는 일이 아니겠냐는 생각이 들었습니다. 저는 그렇게 생각합니다.

원호에게 '좋은 아빠'가 되는 게 나의 소박한 꿈이다. 내가 원호에게 해줄 수 있는 게 그것밖에 없기 때문입니다.

좋은 아빠란 원호의 꿈처럼 '아픈 사람들을 슬프지 않게 하는 것'에 무엇인가 할 수 있는 그런 아빠를 뜻한다고 생각합니다. 자기 일에서 최선을 다하는 아빠. 자기 생각에 빠지지 않고 끊임없이 반성하며 세상을 따뜻하게 보듬으려고 노력하는 아빠.

검사 시절에도 그랬지만 정치에 입문한 지금도 나는 좋은 아빠가 되기 위해 노력하고 있으며, 그 노력이 헛되지 않으리라고 생각하고 있어요. 좋은 아빠가 되려는 노력은 곧 살 만한 세상을 만들고 싶어하는 바램과 다르지 않을 것이며, 살 만한 세상이란 우리 모두 서로서로의 소매깃으로 상대방의 아픈 눈물을 닦아주는 그런 세상일 것이기 때문에…….

나는 지금도 그때 사표를 내고 내 삶의 물줄기를 전혀 다른 방향으로 틀었던 선택이 최선의 선택이었다고 믿어 의심치 않습니다.

질문_ 시장님의 고향은 어디신가요? 순천인가요? 그리고 시장님에게 고향은 어떤 곳이죠?

노관규_ 저는 지금도 고향을 생각하면 누구처럼 가슴이 울렁거리고 그리움으로 설레기보다는 우선 아득하기만 합니다. 어린 나이로 가진 것 없이 아는 사람도 없이 추위에 떨며 객지에서 떠돌아 본 사람들은 압니다. '고향'이라는 말이 주는 그 정겨움을. 저라고 왜 그걸 모르겠어요.

그러나 저에게 고향은 그 말이 주는 정겨움보다는 지치고 외롭다고 터덜터덜 돌아가서는 절대 안 되는 곳, 가진 것도 없고 배운 것도 없지만 그래도 무언가 이루어서 돌아가야 하는 곳, 가난한 부모님들과 올망졸망한 동생들에게 무엇인가 해줘야 하는, 가난한 집 맏이라는 부채감이 있는 곳일 뿐이었습니다.

전라남도 장흥군 유치면 용문리, 지리산의 한 자락이라는 삼계봉과 가지산 국사봉에 둘러싸인 산골분지에서 내제 이야기는 됩니다. 태어나기는 전남 나주였다고 하지만, 바로 장흥으로 이사를 하여 그곳에 대한 기억은 전혀 없어요.

'삐삐쭈비-삐삐쭈비' 낯익은 산새소리를 들으며 아침에 눈을 뜨면, 우리집은 늘 산그늘 속에 잠겨 있었어요. 그 첩첩한 산중에서 눈을 비비며 일어나 마당에 나서면, 탐진강이 피워올린 아침안개가 산등성이를 조금씩 에워싸고 있다가 바람결에 엷게 흩어지곤 했습니다. 그 속에서 접동새 지저귐이 '꾸륵 꾸륵' 들려오기도 하여 두리번 거리곤 했었죠.

이때의 아름다운 추억을 순천만에서 국제정원박람회를 준비하고 진행하면서 매번 경험하고 있습니다. 어쩌면 어릴 적 지리산 자락의 자연과의 소통이 나를 여기까지 이끌었는지 모르겠습니다.

질문_ 시장님에게 "고향은 그 말이 주는 정겨움보다는 지치고 외롭다고 터덜터덜 돌아가서는 절대 안 되는 곳, 가난한 부모님들과 올망졸망한 동생들에게 무엇인가 해줘야 하는, 가난한 집 맏이라는 부채감이 있는 곳일 뿐"이라는 표현이 너무도 가슴아프네요.

노관규_ 나는 다행스럽게도 배고픔에 대한 기억이 뼈저리게 남아서 공복감 때문에 먹어도 먹어도 배가 고파봤던 기억은 없습니다.

1966년 유치초등학교에 입학하고 나서도 내 몸은 여전히 약해져서 온갖 병치레를 따복따복 다 겪었고, 그래서 학교 공부는 재미있었지만 힘이 들었습니다. 그래도 선생님 복은 있었는지 성적은 그럭저럭 좋았고 '눈에 총기가 있다'고 선생님이 귀여워해 주셨습니다.

아이들과 잘 어울리지 못하고 저만큼 떨어져서 타박타박, 탐진강을 곁에 끼고 구불구불 나 있는 흙길을 따라서 걷다보면 다리가 휘청거려서 하염없이 걸어도 학교가 나오지 않을 것 같은 두려움이 들기도 했습니다. 그럴 때면 길섶에 앉아서 탐진강 잔물결을 보면서 해찰을 하였고, 알록달록한 강새가 물을 스치며 날아가는 것을 홀린 듯 바라보았습니다. 내가 어른이 된 지금에도 순천만과 흑두루미를 특별히 사랑하는 이유와도 연결된 듯 싶군요.

질문_ 청소년기에 노관규는 어떤 사람이었나요? 공부 잘하는 똑똑한 친구였나요?

노관규_ 초등학교를 졸업하면서 최고상인 교육감상을 받았지만, 가정형편상 중학교조차 진학할 수 없는 처지였어요. 언감생심 무엇을 하겠다고 나설 처지가 못 되었습니다.

중학교 원서접수 마감날이 다가오는데, 탐진강 너머로 겨울바람은 윙윙 불어오는데, 아무도 말을 꺼내지 않았습니다. 식구끼리 모여 밥을 먹을 때에도 서로 눈을 외면했고, 아무 소리 없이 밥을 먹고는 각자 등을 보이고서 앉았습니다.

나도 알았습니다. 다른 사람에 비해 교육열이 높은 아버지가 동네에서 나를 보시면 헛기침하시며 멀리서부터 뒷짐지고 슬그머니 자리를 뜨는 이유를……. 당장 올망졸망한 다섯 남매의 끼니를 때우기도 만만찮은데 중학교의 월사금이 자신이 없었을 것입니다. 그 당시 아버지에게 급박한 문제는 자식 교육이 아니라, 이 험난하고 막가는 세상에서 모두 함께 어떻게 살아남느냐는 것이었습니다.

그럭저럭 시간이 흘러서 원서접수 마감날, 친구들은 이미 원서 접수시키고 웃으면서 중학교 교복을 맞추러 나가는데, 식구들 모두 맥을 놓고 앉아있는 집을 슬그머니 빠져나와서 탐진강변 그 겨울 찬바람 속을 걸으며, 나는 울었습니다.

눈물이 마를 때까지 울면서 바라보던, 그 눈이 시리도록 새파랗던 겨울하늘…. 겨울 바람에 금방이라도 '쨍그랑' 깨져 쏟아질 것 같던 그 겨울하늘….

질문_ 노관규 시장님 하면 모든 사람들이 똑똑하고 의지가 매우 강한 분으로 인식하는데 눈물이 많은 감성적인 청소년기를 보냈다는 게 상당히 의외네요.

노관규_ 네. 울다 지쳐서 멍—하니 강을 내려다보았습니다. 강물은 흘러흘러 내려가서 강물과 강물이 모여서 더 큰 강물이 될 것이고, 그러다가는 드디어 넓은 바다로 흘러가서 스스로 바다가 될 것입니다.

　나도 언젠가는 저 강을 따라서 흘러 내려가서 더 큰 세상을 만날 것이다. 아직은 두렵고 무섭지만 어디 저 멀리, 여기보다는 훨씬 넓고 큰 세상으로 하염없이 휩쓸려가서 나는 과연 어떤 모습으로 살아갈 것인가.

　이런 제 마음을 종종 습작의 형태로 시로 남기는 습관이 생겼습니다. "다시, 고향에서"라는 시가 바로 그것입니다.

다시, 고향에서

겨울 강바람 속에서 울어 본 적 있는가?
겨울강을 거슬러 오르는 바람을 다시 거스르며
어깨를 동그랗게 웅크리고
소리 죽여 운 적이 있는가?
아무리 소리쳐 울어도 들어줄 사람 없어서
끼억— 끼억— 소리를 삼키며 울어 본 적이 있는가?
탐진강에 서면, 한여름에도 춥게 떨면서
나는 그 울음소리를 듣는다.

순천과의 특별한 인연
그리고 순천역에서 쓴 자작시

질문_ 그렇다면 시장님은 순천과의 인연은 언제? 어떻게? 맺어졌나요? 그리고 순천에서의 학창시절 추억은 좀 나아지셨나요? 아니면 여전히 객지에서 부르는 가난한 노래가 계속 되셨나요?

노관규_ 순천매산고등학교에 입학하기 위하여 다시 순천에 오던 날, 사실 나는 기고만장했었습니다. 시간 나는 대로 집안일 거들지 않고서 열심히 공부만 한다면 장학생이 아니라 무엇이든 못하랴 싶었습니다. 아무 생각없이 공부만 하면 되는 친구들이 부럽기도 했지만 한편으로 우습기도 했습니다.

만화가게 문간방에서, 가게 일도 조금씩 도와주기도 하면서 순천에서 고등학교 생활을 시작하였죠. 처음 몇 개월은 정말 열심히, 규칙적으로 공부했지만 차차 마음이 풀려서 가게에 있는 무협소설에 빠져들었고—일주일에 한번씩 새 무협소설이 오는 날을 목이 빠지게 기다리다 그 날 밤을 새워 다 읽어야 직성이 풀렸다—학교 공부 대신에 일기장에 되지 않게 시를 끄적거리느라 밤을 꼬박 새우기도 했습니다.

순천역에서

나는 고개 숙이지 않을란다.
나에게 다가오는 하늘의 뜻이 무엇이든
나는 결코 물러나지 않을란다.
나에게 다가오는 가파른 운명이나
가난, 슬픔, 눈물 같은 것들을
끝까지 지켜볼란다.
무엇이 순천이고,
무엇이 역천인지.

계속 시 비슷한 글을 쓰는 나를 보고 시인이 될 거라고 생각한 친구들도 있었죠. 그러나 나는 고개를 절레절레 흔들었습니다.

질문_ 시장님에게 있어 순천매산고등학교 시절, 가장 소중한 것은 무엇이었나요?

노관규_ 나에게 중요한 것은 살아남는 것이었습니다. 그저 아무 탈 없이 하루 세 끼를 먹고 살아남는 그런 것이 아니라, 여유를 가지고 사람답게 생활하는 것이었죠. 근본주의자 아버지의 자존심을 지켜주고 싶었고, 평생 농사의 질곡에서 헤매는 어머니의 짐을 덜어주고 싶었습니다. 그리고 동생들에게 그들의 길, 공부를 해서 자신이 좋아하는 일을 하면서 당당하게 자신의 길로 갈 수 있게 뒷받침 해주고 싶었습니다.

그러나 현실은 참담했어요. 일기장에 깨알같이 적어내려가던 글의 주제는 언제나 희망을 노래하고 있었지만, 사실 나는 내 앞날이 막막하리라는 것을 예감하고 있었죠. 도대체 어디에 기대어 힘써볼 언덕이 없었던 것입니다.

틈만 나면 끄적거린 글 속에 보였던 '희망의 노래'는 절망에 빠지지 않으려는 몸부림이었습니다. 애초에 작가가 되겠다는 생각 자체가 나에게는 사치였죠. 하지만 과목 중에서 국어는 정말 재미있었습니다. 고등학교 시절 내내 장학생은 못 되었지만 그래도 우수반에 들었는데 국어만은 잘했죠.

당시 국어를 담당했던 류선생님은 시를 전공한, 그래서 문학에 깊은 관심을 가진 것 말고도 도시적인 미모를 지닌 처녀 선생님이었습니다. 그래서 제자들의 사랑을 독차지하고 계셨는데, 국어를 잘한다는 이유 때문이겠지만, 내가 그 선생님의 사랑을 독차지하는 바람에 친구들의 시샘이 대단했었습니다. 문예반 지도 선생님이셨던 선생님은 내가 쓴 글을 보시고는 적극적으로 문학 공부하기를 권하셨죠.

질문_ 시장님은 문학공부에 대한 꿈도 포기한 채, 젊은 관규에게 주어진 "지긋지긋한 가난의 고통"을 어떻게 이겨내셨습니까?

노관규_ 정말이지, 우리 식구들은 그때 어떻게 산 것일까? 그 지긋

지긋한 가난을 어떻게 견뎌냈을까?

1976년 4월, 동생 연례가 공장에 취직하기 위하여 서울로 떠났습니다. 나는 지금도 그 여동생 생각만 하면 가슴이 저려옵니다. 노연례, 4남1녀의 고명딸이었던 여동생은 한번도 자신을 위하여 살아 볼 기회를 가져본 적이 없었어요.

어려서부터 집안 일을 거의 도맡아 하다가, 초등학교를 겨우 졸업한 다음에는 농사일에 여념이 없던 어머니를 대신하여 아예 집안 살림을 꾸려나갔습니다. 어린 동생 업어 키우고, 소와 돼지도 키우고, 밥하고 집안 살림 모두 챙기고, 그래도 남는 시간에는 어머니와 함께 농사를 지었습니다. 초등학교 때에는 당차고 공부도 곧잘해서 선생님의 귀여움도 많이 받았지만, 더 공부한다는 것은 꿈도 꿀 수 없었을 것입니다. 그렇게 살다가, 이제 열여섯 살 어린 나이에, 갚아도 갚아도 줄지 않는 집안 빚을 갚기 위하여, 그리고 이 오빠의 학자금을 벌기 위하여 서울 공장으로 떠난 것이었죠.

서울로 떠나기 전, 여동생은 자신의 처지를 한탄하지 않고 누구를 원망하지도 않고, 도리어 객지에 나가서 공부하는 이 오빠의 건강 걱정을 하였습니다.

서울로 가는 누이에게

차라리, 세상을 원망할 줄이라도 알았더라면

차라리, 소리쳐 울 줄 알았더라면

누이야, 헐벗은 가슴 두드리며

몸부림이라도 칠 줄 알았더라면

누이야, 열여섯 어린 나의 누이야

어쩌겠다는 것이냐

갚아도 갚아도 원죄처럼 남은 이 빚을

어쩌겠다는 것이냐

눈만 휑한 어린 동생들을

탐진강 빛나는데,

절대 용서하지 말아라 이 오빠를

아아! 어쩌겠다는 것이냐

낯선 서울거리의 그 차가운 바람을……

내가 고등학교 졸업당시 공장에 다니던 여동생과 동생들이 오랜만에 모여 찍은 사진. 당시의 심정으로는 부끄러워서 여동생의 얼굴을 편하게 볼 수 없었다.

내가 꿈꾸는 세상

질문_ 시장님이 꿈꾸는 세상은 과연 어떤 사회였나요?

노관규_ 나는 세상 사람들에게 많은 빚을 지고 있는 사람이지만 특히 여동생에게, 여동생처럼 주위 사람들을 위하여 아무 거리낌없이 자신을 내던진 사람들에게 많은 빚을 졌습니다. 그 빚을 조금이나마 갚기 위하여 내가 할 수 있는 일이 무엇일까 늘 고민하면서 작은 것이나마 실천하려고 노력하고 있습니다.

내가 가난한 사람들에게 변호사로서 무료변론이나 무료 법률상담을 하는 것이나, 청소년 문제, 그 중에서도 특히 여러 가지 이유로 엇나가는 청소년 문제에 힘을 기울이는 것도 사실은 그 빚을 갚기 위한 조그마한 몸짓일 뿐입니다.

나는 우리 사회가 어떤 환경에서 어떻게 살아도 노력만 한다면 누구나 자기 분야에서 일등이 될 수 있다는 꿈을 꿀 수 있는 사회, 그런 가능성을 활짝 열어둔 열린 사회가 되길 바랍니다. 좋은 사회, 사람이 살만한 새 세상은 사실 학벌, 족벌의 기득권보다는 노력하는 사람, 땀 흘려 일하는 사람을 위하는 그런 세상일 것이라고 생각합니다.

질문_ 순천에서 고등학교를 졸업한 이후에는 대학에 진학해서 뭘 전공하셨습니까?

노관규_ 처음 고등학교에 입학하기 위하여 빚을 얻어서 순천에 도착했을때의 그 기세당당함, '나에게 다가오는 가파른 운명이나 가난, 슬픔, 눈물같은 것들을 끝까지 지켜볼란다'고 당당하게 외쳤던 나는 어디로 가고, 지금은 '취업공고판 앞에서' 찬바람에 떨고 있었습니다. 그러나 어쩌랴, 현실은 현실이었고 낯선 서울거리는 너무 춥고 배고팠습니다.

구로공단에서 일거리를 찾아다닌 닷새 사이에 나는 지치고 슬프고 외로웠습니다. 그렇게 취직자리를 찾아 헤맸지만 일자리를 구하지 못하고, 결국은 외숙 처제가 일하고 있는 공장에 자리를 얻게 되었습니다.

첫 번째이자 마지막 자서전에서 20년전에 쓴 구로공단 '노작두'의 눈물이라는 소제목에서 담긴 나의 자작시를 순천만에서 60이 훌쩍 넘은 어른이 되어 다시 읽어 봅니다.

취업공고판 앞에서

어두워질 때까지, 추위에 떨며
구로공단을 헤매다가
하나 남은 마지막 토큰을
주머니 속에서 만지작거리며

취업공고판 앞에 서면

전국의 모든 겨울바람이 여기 모여 있다.

취업공고판 앞에서 웅숭거리고 서 있는

우리 모두는 형제들인가?

돌아갈 곳이 있는 사람들은 하나 둘 떠나고

늦은 밤까지 그 앞에 서서

덕지덕지 붙어 있는 내 퇴짜맞은 이력서 같은

'직원모집' 활자들이 슬프다.

질문_ 말로만 듣던, 책에서나 읽을 법한 구로공단의 생활이네요. 10대와 20대 젊은 나이에 청년 노관규가 쓴 "어두워질 때까지, 추위에 떨며 구로공단을 헤매다가 하나 남은 마지막 토큰을 주머니 속에서 만지작 거리며 취업공고판 앞에 서면 전국의 모든 겨울바람이 여기 모여 있다"라는 표현이 정말 슬프네요.

노관규_ 한심하게도 나는 구로공단의 상황 탓만 하고 있었죠. 정말 공부가 하고 싶다면 공부할 수 있는 상황을 만들면 되었습니다. 자꾸 여러 가지 핑계를 만들고 상황 탓을 한 것도 따지고 보면 결국 '두려움', 그런 상황을 만들고 그 길로 나가야 한다는 그런 두려움 때문이었을 것입니다.

가난했던 청년시절의 사랑과
결혼이야기

질문_ 너무도 가난했던 청년시절의 가슴 아픈 이야기만 듣다 보니 가슴이 먹먹해지네요. 이젠 시장님의 첫사랑 그리고 사랑하는 아내 이야기를 듣고 싶습니다.

노관규_ 나의 첫사랑과 사랑하는 아내와의 결혼 이야기도 그다지 밝고 낭만적이지 않습니다. 그래도 한 번 들어보시겠습니까? (하하)

어느 날, 그녀는 집에 있었습니다. 늦은 저녁을 먹느라 식구들이 모두 모여 있었고. 무섭다는 그녀의 큰오빠가 노려보고 있었지만 나는 어차피 이판사판이었습니다.
"왜 지연씨와 사귀면 안 된다는 것입니까?"
그녀의 아버지 앞에 무릎을 꿇고 내가 당돌하게 여쭈었습니다.
"우선 자네를 믿을 수가 없네."
"무엇을 믿을 수 없다는 말입니까?"
"자네의 환경도 그렇고, 또……."

"제 환경이 어떻습니까? 우리는 가난하지만 죄짓지 않고 열심히 살았습니다. 제가 학력이 고졸이고 뜬구름 잡는 사법고시 시험에 매달려 있는 게 좀 걸리시리라 생각하지만 저는 자신 있습니다."

"글세 그건 알겠다만, 또…….."

"……"

"지역감정 같네만 자네가 전라도 사람만 아니었다면 다시 생각해 볼 수도 있겠네만, 전라도가 아무래도 마음에 걸려서……."

"예?"

갑자기 피가 머리로 솟구쳐 오르는 듯한 기분이 들었습니다. 중소기업을 하는, 전형적인 한국의 중산층이라는 사람의 생각이 저렇다니…….

나는 심호흡을 하고 천천히 말했죠.

"그건 단순한 지역감정이 아니라 편견입니다. 공장에서 물건 만들면 전라도 사람들에겐 팔지 않습니까? 전라도 사람들이 무얼 잘못했습니까?"

감정이 격해지려는 것을 참으며 되도록 천천히 말하려고 노력했지만, 끝에 가서는 나도 모르게 언성이 높아지고 말았습니다. 아무도 말이 없었죠. 나는 밤새 쓴 32장의 편지를 건네주고 천천히 일어섰습니다.

그 편지에는, 지금은 자세히 기억이 나지 않지만, 내가 살아온 환경을 썼고 그 뒤에다가, 나는 올바르게 살려고 노력했고 올바르게 살았다. 잘못된 길이라고 생각이 들면 절대 그 길로 발을 들여놓지 않았다. 내가 옳게 살았고 앞으로도 옳게 살 거라는 걸 지금 확인해줄 방

법이 없어서 안타깝지만 기필코 보여주고 말겠다. 그런 이야기들이었습니다.

질문_ 그래서 첫 사랑은 깨졌습니까?

노관규_ 그녀가 선을 정말로 봤고 그래서 지금 망설이고 있다면 길을 가는 사람 누구를 잡고 물어봐도 그녀를 욕하지 않을 것입니다. 내가 무엇을 할 수 있는가? 나는 절망감에 빠져 그날 밤 편지를 썼어요.

지연이에게

지난 일주일 동안 나는 내내 우리가 만들어 가리라고 믿었던 길이 정말 옳은 것이었는지 생각해 보았다. 지연이에게서는 전화도 없고 전화를 걸어도 모두 모른다는 말 뿐이었다.

용납할 수 없는 일이 일어나도 기꺼이 받아들이겠다. 우리는, 혹시 같은 길을 만들어가지 못하고 제 각각의 길을 간다고 할지라도 어쨌든 당당하고 부끄럼없이 잘 살아야 한다.

—관규

편지를 써놓고 망설이는 사이에 다시 이틀이 지났습니다. 자못 비장하게 편지를 부치고 돌아온 날 밤새 앓았어요. 열이 펄펄 나다가 춥

다가, 내 몸이 땅 속으로 꺼져들어가는 것처럼 아득해졌다가 잠깐씩 정신이 돌아왔습니다.

그로부터 이틀 뒤에 전화가 왔습니다. '그녀'가 아닌 그녀의 언니에게서 걸려 온 전화는 짧았지만 여러 가지 함축적인 의미를 포함하고 있었습니다.

집에서 선을 보라고 했지만 끝까지 거부하다가 반 연금상태라는 것. 거의 식음을 끊고 지내다가 지금 병을 얻어서 병원에 입원중이라는 것. 당시 쓴 이런 시도 떠오르는군요

가난한 사랑의 노래

사랑은 가다린다는 것만으로도
아름다운가?
자판기에서 뽑은 싸구려 커피를 마시며
우리는 가을하늘에 가슴을 묻었다.
먹장구름이 몰고 오는 장대비 속으로
두려움 없이, 비닐 우산 하나로 하늘을 가리고
종일, 종달새처럼 세상을 날아 다녔다.
가난하지만, 우리의 사랑이 거기에 있는 걸
의심치 않았기에
맨몸뚱이로 세상의 겨울을 뎁혀주리라 했다.
겨울나무처럼 추위에 떨며

이 깊은 밤을 지새우지만, 누가 있어 감히
우리의 사랑조차 가난하다 하는가?

질문_ 결국 사랑에는 성공하셨군요. 감동적인 영화 한 편입니다. 결혼에 골인한 이후 사모님을 행복하게 해드렸습니까?

노관규_ '사흘 굶은 게' 태어나서 처음으로 어른들께 반항한 것이라고 했습니다. 여러 가지, 내 처지를 봐서는 절대 반대하고 싶지만 당돌하게도 집으로 쳐들어와서 짜웃짜웃 조리있게 따지는 거나 32장이나 쓴 편지로 봐서 말린다고 될 일도 아닐 것 같고, 순해 빠진 딸까지 그 모양으로 밥까지 굶으면서 싸매고 누워있으니, 반대는 하되 노골적으로 말리지 않겠다고 마음을 정한 것이겠지요.

이제는 식구들과 약속뿐만 아니라, 사랑하는 애인과의 약속까지 지켜야 했습니다. 사법고시에 실패해도 살아갈 방법은 있겠지만, 근본주의자의 후예로서 스스로 자신과 한 약속을 지키지 못한다면 그건 살아도 살았다고 말하기 부끄러운 일이었습니다. 나는 정신적 육체적인 한계까지 나를 밀고 갈 작정이었죠. 인간의 한계가 어디까지인지는 잘 모르지만 어쨌든 책에 코를 묻고 죽을 작정이었습니다.

나는 그 즈음, 청운의 꿈을 이루겠다는 생각보다는 주위 사람들에게 신세를 갚아야 한다는 마음이 더욱 컸습니다. 사법고시에 합격하든 떨어지든 그 사람들에게 납득할 만한, 늘 나를 도와주고 지켜보아

준 그 사람들이 나의 치졸한 객기에 휘둘려 헛짓한 게 아니라는 믿음을 주어야 한다는 게 우선 급한 일이었습니다. 그러기 위해서는 스스로 그렇게 되리라 믿고 자신감을 갖는 게 중요했죠.

드디어 발표가 났습니다. 놀라운 것은 같은 자리에 있던 동료들 모두가 합격했어요! 그 기쁨을 어떻게 표현할 수 있으랴!
2000년 2월 12일, 오후 11시 30분, 수원지검 특수부에 사표를 냄으로써 약 6년 동안의 검사 생활에 마침표를 찍었습니다.
아직도 짧게만 느껴지는 검사생활 6년을 돌아보면 여러 가지 보람찬 일도 많았고 또한 아쉬운 일도 많았습니다. 그러나 검사로써의 내 생활은 아쉬움보다는 보람차게 기억되는 일이 더 많았다고 자부하고 있습니다.
하지만 나는 나름대로 사표를 쓴 몇가지 이유가 있습니다. 그렇게 괜찮은 직장에서 근무하다 보면 자기자신을 돌아 보기가 힘들어질 때가 많았습니다. 모두들 그렇다는 게 아니라 나는 그랬죠. 원래의 내 모습을 잊어버리고 법을 집행하는 내가, 그 안정된 조직에서 조직의 일원으로 법대로만 안정적인 이득을 누리며 살아가는 내가, 내 본모습이라고 착각하며 살아가고 있다는 생각이 자꾸 들었습니다.

희귀 질환을 앓는 아들로부터 배운
인생의 교훈

질문_ 시장님에게 있어 가장 힘들고 슬픈 순간은 언제였습니까? 청소년기? 아니면 고등학교 졸업후 구로공단 시절? 아니면…

노관규_ 1996년 한참 과학기자재 사건 수사를 하던 중이었습니다. 세 살배기 큰 아들 원호가 온몸이 불덩이처럼 달아오르는 혼수상태가 되어 자꾸 쓰러져 사경을 헤매는 것이었습니다.

안 그래도 태어날 때부터 몸이 좋지 않아서 신경을 쓴다고 주의를 기울였는데, 우리 정성이 부족했는지 원호는 이제까지 앓았던 것보다 훨씬 심해져서, 그 즈음 부쩍 한번 쓰러지면 사경을 헤매는 일이 잦아졌습니다.

겨우 한 고비를 넘기자, 나는 서울대병원에 특별 진료를 신청하고서 부랴부랴 아이를 들쳐업고 달려가서 종합검진을 했는데도 담당의사가 말을 못하고 머뭇거리는 것이었어요. 답답해 죽을 지경이었지만 며칠 입원해 있는 동안 담당의사 만나기도 힘들었고, 힘들게 만나도 별 뾰죽한 말이 없었습니다.

서너 차례 종합검진을 더 한 뒤에 병명이 나왔습니다. 이름도 생소하기 짝이 없는 '애반스증후군' 일종의 혈액종양이라는 것이었어요. 전세계적으로 희귀한 병이라 병의 원인도 밝혀지지 않았고 병이 어떻게 진행될지도 알 수 없으니, 치료약은 아예 없고 그렇다고 수술로 고칠 수도 없는 그런 병이라는 것이었어요. 그저 증상을 덜어주는 약이 있을 뿐이고, 면역력이 떨어지니 공기 좋은 곳에서 감기나 몸살 심지어 체하지도 않게 조심하는 수밖에 없다는 것이었습니다.

작은 새처럼 심장이 파닥거리는 이제 막 네 살이 된 원호를 안고 서울대병원을 터덜터덜 내려오는데, 정말 비참하고 허탈했습니다.

병이 깊으면 생각도 깊어지는가? 원호는 가끔씩 세상 물정을 훤히 아는 노인네 같은 소릴 해서 지금도 나를 깜짝깜짝 놀라게 하며 목이 메이게 합니다.

"아빠, '꿈'이 뭐예요?"

"꿈? 우리가 앞으로 이루고 싶은 것, 자신이 무엇인가 되고 싶은 것, 보다 재미있게 살기 위하여 우리가 노력해야 하는 것, 그런 것일 테지?"

질문이 엉뚱해서 언뜻 생각나는 대로 얼기설기 얘기하면서 땀을 닦아내는데, 멍—하니 하늘을 바라보던 원호가 혼잣소리처럼 중얼거렸습니다.

"아빠, 내 꿈은, 음—뭐냐 하면 계속 아플 테지만 가족들이 안 슬프게 아픈 것, 나처럼 많이 아픈 아이들 안 아프게 돌보는 것, 또 아픈 아이들 때문에 슬퍼하는 사람들 안 슬프게 해주는 것……."

나는 원호를 안고서 원호가 올려다보던 빈 하늘을 같이 바라보았습니다.

"그래 그래, 이 아빠는 원호의 꿈이 이루어지도록 무엇이든, 아빠가 할 수 있는 일이라면 무슨 일이든 하마. 네 꿈은, 아픈 사람들 슬픈 눈물을 닦아주겠다는 네 꿈은 곧 우리의 모두의 꿈일 수도 있으니까."

질문_ 시장님은 불치병을 앓는 아들로부터 깨달은 인생의 교훈이 있으셨나요?

노관규_ 서울대병원에서 원호가 앓고 있는 병이 불치에 가까운 병이라는 것을 알고 돌아온 날, 아직도 자다 말고 잠깐씩 혼수상태에 빠지는 원호를 밤새 돌보면서 나는 소름 끼치게 문득 깨달았습니다.

나는 너무 우쭐하지 않느냐, 나는 너무 하찮은 것에 매달려 소중한 일들을 잊어버리고 살지 않았느냐, 나는 너무 내가 누리는 사회적 이득을 당연시하며 아프고 외로운 사람들을 외면하지 않았느냐.

내 영혼은 너무 거만하지 않았느냐. 내 영혼은 쓸데없는 탐욕에 물들어 탁해지지 않았느냐, 내 몸은 너무 게을러 주위의 추운 사람들로부터 고개 돌리지 않았느냐.

나는 사경을 헤매는 원호의 괴로워하는 얼굴에서 스스로를 속이며 방만하게 살아온 내 모습을 발견하고는 소스라치게 놀라고 말았습니다.

나는 원호의 손을 그러쥐고서 무릎을 꿇었어요.

"하나님 감사합니다. 제 아들에게 주신 병은 고통스럽고 가슴이 터질 듯 아프지만, 그 병은 하나님께서 우리에게, 아니 저에게 보내주신 은총이라는 것을 이제야 깨달았습니다. 그 아픔과 고통을 스승삼아 하나님의 뜻대로 살겠습니다. 하나님 정말 감사합니다."

그날 밤, 나는 어른이 된 뒤 처음으로 눈물을 훔쳤습니다. 무릎이 저릴 때까지 무릎을 꿇고 앉아서 눈물을 훔치고 또 훔쳤습니다.

'할 수 있는 일이라면 무엇이든 하겠다'는 약속을 지키기 위하여 나는 우선 원호의 요구대로 하루에 세 갑씩 피우던 담배를 당장 끊었으며, 또한 집에서는 어떤 일이 있어도 짜증내는 모습을 보이지 않겠다고 약속했습니다. 공기 좋은 곳에 살아야 한다는 의사 말에 따라, 있는 재산 없는 재산을 통통 털어서 공기 좋은 산꼭대기에 집을 지었습니다. 몇 년에 걸쳐서 온 가족이 달려들어서 등짐질을 하면서 지었지만, 뼈빠지게 배운 건설직 일용잡부의 주특기를 살린 동생 홍규가 아니면 불가능했을 것입니다.

나의 고향 지리산과
순천만정원박람회

질문_ 순천정원박람회를 최초로 구상하게 된 계기가 시장님께서 지리산 자락을 오가면서 느꼈던 산과 들, 맑은 시냇물 그리고 아름다운 꽃이 가져다주는 고향처럼 아늑한 풍경 때문이 아닌가 싶습니다. 특히 사랑하는 아들 원호에게 꼭 필요한 "공기 좋은 곳"을 마련해 주기 위한 노력의 과정에서 시장님에게 지리산은 어떤 곳이었나요?

노관규_ 예나 지금이나 지리산은 품이 넓습니다. 어머니같이 큰 산이어서 찾아드는 사람들에게 맑은 공기와 물을 아낌없이 나누어 주고 악다구니 세상에서 묻은 찌꺼기를 다 털어내고 마음을 너그럽게 먹도록 해주는 큰 산이었습니다.

나는 내가 처한 사정을 잘 알고 또 아들의 사정을 익히 알고 있던 지인들이 이구동성으로 권하는 지리산에 깃들어 살기로 마음을 정했습니다.

지리산 기슭에 자리한 구례군 산동면 신평마을은 그야말로 물과 공기가 맑고 좋은 곳입니다. 노고단, 만복대에서 불어오는 신선한 바람, 이른 봄 지천으로 흐드러지는 산수유 노란 꽃더미, 그 사이로 흐르는 맑디 맑은 시냇물, 어느 한 가지 빠지지 않는 풍광을 지닌 곳입니다.

그래, 여기서 살자. 이곳의 청량한 공기와 맑은 물을 마시면 아들의 생명력이 다시 살아날지도 모른다. 그동안 내가 하고 싶은 일을 한답시고 가족들 뒤치다꺼리는 모두 아내에게만 맡겨 두었지. 여기서 살면 고생만 해온 아내도 좀 편해지고, 아들은 생명력을 되찾을 수 있을 거다.

산동마을에서 다시 새 삶을 꾸리기로 마음을 정한 뒤에 나는 지체 없이 서울로 올라가 그곳에서 일궈오던 내 삶의 궤적을 정리했습니다. 처음 정치에 입문했을 때 내 나름대로 지녔던 포부를 한번 제대로 펼쳐 보지도 못하고 그만두려고 하는데도 아쉬운 느낌은 전혀 없었습니다. 다만 생면부지의 정치 초년생에게 단지 새롭다는 느낌 하나로 귀한 표를 준 4만여 유권자들에게 정작 아무것도 보여주지 못하고 그 관심을 은혜로 돌려주지 못한다는 미안함은 어쩔 수 없었습니다.

질문_ 시장님께서는 자주 순천시민에 대한 감사함과 더불어 순천시민에게 갚아야 할 마음의 빚을 이야기하시는데 왜죠?

노관규_ 지리산 산골과 순천의 변호사 사무실을 오가며 아이의 건강을 돌보며 가족이 함께 지내는 즐거움에 빠질 수 있는 시간은 길게 이어지지 않았습니다. 그즈음 순천시에 좋지 않은 조짐이 있었어요. 내 사무실을 찾아오는 사람들이 부쩍 많아졌습니다. 낭설인줄 알았던 소문이 진실이 되었습니다. 시장이 구속됐다는 것이었어요. 그것도 겹쳐서, 두 번에 걸쳐 시장이 구속되는 사태에 대해 순천시민들의 정치에 대한 불신은 극으로 치닫고 있었습니다. 불미스러운 일이 거듭해 일어나는 것에 대해 무척 자존심도 상해하였습니다. 나는, 명색이 민주당 지역위원장이었고, 국회의원 후보였던 사람으로서 이런 사태가 벌어진 데 대해 부끄럽기도 하고 책임감을 떨쳐버릴 수가 없었습니다.

그래, 여기서 살자. 이곳의 청량한 공기와 맑은 물을 마시면 아들의 생명력이 다시 살아날지도 모른다. 그동안 내가 하고 싶은 일을 한답시고 가족들 뒤치다꺼리는 모두 아내에게만 맡겨 두었지. 여기서 살면 고생만 해온 아내도 좀 편해지고, 아들은 생명력을 되찾을 수 있을 거다.

시장학교에 다니던 시절의
"노관규의 시장 10계명"

질문_ 순천국제정원박람회의 성공적 개최를 포함해서 3선 시장으로서 국내외의 좋은 평가를 받는 이유를 뭐라 생각하십니까? 특별한 계기가 있었습니까?

노관규_ 순천 국제정원박람회를 성공적으로 마무리하면서 가장 많이 듣는 질문입니다.

순천시라는 작다면 작은 지자체일지라도 시장이 해야 할 일은 서울이나 부산 같이 큰 도시의 축소판일 뿐입니다. 큰 지자체에 있는 모든 것이 순천에도 있었고, 그곳의 모든 문제 역시 순천에도 있었습니다. 그걸 잘 풀어나가야만 하는 것이 시장으로서의 책임이자 역할일텐데, 그동안 준비를 하느라고 했고 각오도 되어 있다고 믿었는데 그게 아니었습니다.

아! 나는 참으로 아무 준비도 없이 겁도 없이 시장이 되었구나 싶었습니다. 스스로와의 약속, 시장으로서의 십계명을 정하기로 한 것은 이 때문이었죠. 시장이 되면 가게 되는 시장학교에 다녀온 뒤, 박원순

변호사에게 조언을 구한 다음에 이름하여 '시장 10계명'을 다음과 같이 정했습니다.

1. 청렴하면 탈이 없다.
2. 좋은 인재를 구하는 것이 성공의 지름길이다.
3. 시장이 공부한 만큼 지역이 발전한다.
4. 잘 설계된 시정 밑그림이 10년을 좌우한다.
5. 선택과 집중이 리더십의 핵심이다.
6. 창조적 대안없이 지역의 미래 없다.
7. 겸손한 시장 싫어하는 사람 없다.
8. 지방의회와 시민단체는 시장의 동반자이다.
9. 주민참여가 지역발전의 원동력이다.
10. 재선할 생각을 버리면 재선 그 너머가 보인다.

이 '시장 10계명'은 내가 평소에 생각한 것을 시장이 되고 나서 명심해야 할 가치로 바꾼 것이었습니다. 근본주의자 집안에서 자라나 세무공무원으로, 검사로, 정치인으로, 이제 순천시장이 되기까지 나를 지탱해준 내 존재가치이자 철학이 집약된 것이었어요.

질문_ 노관규 시장의 '시장 10계명'은 시정 운영에 가장 중요한 수칙이 되었을 것이 분명한데, 이번 2023 순천국제정원박람회를 준비하고 추진하는 과정에서 큰 역할을 하였을 것 같은데 실제 어땠습니까?

노관규_ 순천정원박람회의 준비에서부터 성공적인 마무리에 이르기까지 아주 큰 역할을 했습니다. 청렴성을 유지한 가운데 천문학적인 예산이 들어갔음에도 작은 특혜 논란도 발생하지 않았고, 인재를 등용해야 한다는 원칙도 철저히 지켜 박람회 성공의 가장 큰 요인으로 작용했습니다.

질문_ 그렇다면 노관규 시장의 '시장 10계명' 중 첫 번째 계명은 무엇이고, 순천정원박람회 추진 과정에서 어떻게 지켜졌나요?

노관규_ 나는 첫 번째 계명으로 '청렴하면 탈이 없다'로 하였습니다. 청렴은 공직자에게 무엇보다 중요하다고 생각했어요. 공공의 이익을 추구해야 하는 자리에 앉아서 개인의 욕심을 채우려 하면 아랫사람도 모두 제 욕심을 위해 일을 추진하게 되고 결국 전체를 위한 일을 할 수 없게 됩니다. 청렴의 시작과 끝은 자기 자신을 잘 다스리는 것인데 그만큼 자기 자신에게 모질어야 하며 모두를 위해 일을 한다는 사명감, 삶을 끌어가는 철학이 없으면 이루기 어렵습니다.

질문_ 그 밖에 시장님이 이번 순천국제정원박람회에 실천한 노관규 시장의 10계명을 상세히 설명해 주시죠?

노관규_ 두 번째 계명으로는 '좋은 인재를 구하는 것이 성공의 지름길이다'라고 정했습니다. 이번 순천국제정원박람회의 시작부터 끝까지 가장 중요시했던 것이 바로 "창의적인 사고를 갖는 공직자와 시민들을 두루두루 발탁, 인재를 널리 중요하는 것"이었습니다. 그래서 시장과 공직자, 그리고 시민의 3합을 가장 중요시 했구요, 순천국제정원박람회 성공의 비밀열쇠입니다.

세 번째 계명은 '시장이 공부한 만큼 지역이 발전한다'를 꼽았습니다. 내가 살아온 여정을 보고 시장의 책무를 누구보다도 잘 할 것이라고 생각하는 사람도 있을 테지만 나는 늘 스스로 부족하다는 생각하고 살았습니다.

네 번째는 '잘 설계된 시정 밑그림이 10년을 좌우한다'입니다. 내가 생각하는 시정 밑그림, 순천시의 발전 방향, 즉 새로운 순천은 모든 순천시민들이 사람답게 살 수 있는 도시를 건설하는 겁니다. 이렇게 하면 순천시는 십 년이 아니라 백 년 뒤에도 경쟁력 있는 도시로 남으리라는 것을 확신합니다.

저는 제 자신의 이런 '시정 10계명'을 지키기 위해 이미 10년 전에 순천국제정원박람회를 최초로 제안했고, 이번에 다시 10년 만에 열리는 박람회를 위해 미래의 100년지 대계를 고민하면서 연구용역에서부터 순천다운, 대한민국만의 창의적인 박람회를 공직자와 시민들과 함께 기획부터 마무리까지 추진했습니다. 항상 당장 눈앞의 위기보다는 국내적으로는 저출산 고령화, 인구소멸과 지방소멸 위기를 극복하고 국제적으로는 기후위기를 극복하기 위한 환경친화적 도시를 만들기 위해 100년 앞을 내다보면서 10년 단위의 창의적 프로젝트를 준비하고 실천해 나가려고 노력했습니다.

다섯 번째는 '선택과 집중이 리더십의 핵심이다'라고 했습니다. 순천시의 시정 또한 한꺼번에 모든 것을 다 추진할 수는 없었습니다. 이런 관계로 정말 미래를 내다보고 설계를 하되 그 효율을 올릴 수 있는 사업을 찾아내어 추진하는 것이 중요했습니다.

여섯 번째는 '창조적 대안 없이 지역의 미래가 없다'였습니다. 이 계명은 특히 고민하게 한 숙제이기도 했습니다. 순천은 나름대로 발전을 거듭해 왔지만 전국에 내세울만한 산업과 이미지가 없었습니다. 여타 도시와 경쟁력이 있는 순천 고유의 미래 산업을 발굴하여 이것을 특화해야만 순천시의 미래를 열어갈 수가 있다고 여겨졌습니다.

창의성에 대한 저의 특별한 강조에 대해 한국지방자치학회의 여러 교수님과 전문가들은 "노관규의 리더십을 창조적 리더십 혹은 변혁적 리더십"으로 과찬해 주시기도 했습니다.

일곱 번째 계명은 '겸손한 시장 싫어하는 사람 없다'는 것입니다. 벼는 익을수록 고개를 숙인다고 했어요. 낮은 자세로 시민의 소리에 귀를 기울이지 않으면 시민과의 소통은 불가능하고 시정에 대한 지지를 기대할 수도 없습니다.

여덟 번째는 '지방의회와 시민단체는 시장의 동반자이다'로 하였습니다. 순천시에 있는 기관, 단체들은 시장과 시정의 반대자들이 아니라 같이 가는 동반자입니다.

지방의회는 순천시와 함께 집행에 있어서 중요한 공동책임을 진 기관이고, 수시로 시민들의 의견을 수렴해서 시 집행부에 전달하는 대의기관이기 때문에 아무리 강조해도 지나치지 않습니다. 한편 시민단체 역시 다양한 시민들의 대표성을 지닌 단체이기 때문에 저의 3합정신과 철학에 부합될 뿐만 아니라 실제로 매우 창의적이고 혁신적인 아이디어가 많은 분들이기 때문에 이번 순천국제정원박람회 성공의 모두 일등 공신들이십니다.

아홉 번째로 '주민참여가 지역발전의 원동력이다'라고 정했습니다. 시정은 공무원들만이 하는 것이 아니라 시민과 함께할 때 진정한 성과를 볼 수 있어요. 시민의 마음을 끌어내는 일을 찾는 일이 더 없이 중요합니다. 아무리 멋진 순천을 건설하려는 의지가 있어도 시민들의 지지와 참여가 없으면 불가능할 것은 너무나 뻔한 일입이다.

마지막 계명은 '재선할 생각을 버리면 재선 그 너머가 보인다'는 것입니다. 재선을 바라면 시장은 각종 이득을 바라는 이들로부터 자유롭지 못하게 됩니다. 그러면 어떤 사업도 리더십을 갖고 추진하기가 어렵습니다. 나는 순천시민들이 베풀어 준 은혜를 갚기 위해서라도 뒷일을 잊고 순천시민만을 바라보며 시정을 이끌어야 했습니다.

내 집무실 책상에서 가장 잘 보이는 위치에 걸려 있는 이 십계명을 시장이 되고 난 뒤 하루에도 몇 번씩 되새기며 내 자신을 추스립니다. 혹자는 듣기 좋은 말만 나열해 놓았다고 할지 모르나 시장의 자리는 한치 앞이 천길 낭떠러지라는 걸 잘 알았기 때문에 나에게는 목숨만큼이나 소중한 의미가 있는 말들입니다. 또한 내 자신의 명예와 순천시민의 명예가 걸려 있습니다.

정말 이대로 본때 있게 일 잘하는 시장이 되고 싶었습니다. 공무원들이 솔선수범하여 시민들을 잘 받들게 이끌고 시민들은 그런 순천시정을 정말 신뢰하는 그런 시민 사회를 만들고 싶었어요. 계명 속에는 이런 내 뜻이 잘 드러나 있거니와 그렇기 때문에 나는 날마다 반성을 거듭하고 있습니다.

나는 또 민들레처럼
희망을 뿌리고 싶다

질문_ 끝으로 민들레 홀씨를 국제정원박람회가 성공적으로 끝난 순천만에 다시 서서 생각하면 어떤 생각이 듭니까?

노관규_ 나는 처음 『나는 민들레처럼 희망을 퍼트리고 싶다』를 내면서 서문에서 자랑스러운 아버지가 되기 위해 살겠다고 다짐을 했습니다. 장애인을 비롯한 어려운 처지의 사람들에게 용기를 주고 싶기도 했어요. 하지만 아직 그 다짐을 이루지 못한 아버지로 남아 있습니다.

얼마나 많은 사람들에게 희망을 주었는지도 자신할 수 없습니다. 우리 사회는 여전히 어두운 구석이 많아요. 정치인을 비롯한 공동체 전체가 이 문제를 풀기 위해 더욱 더 노력하지 않으면 안됩니다. 장애인 문제만 하더라도 아직 정책들이 턱없이 부족한 실정입니다. 한 사람의 정치인으로서, 시정을 책임진 시장으로서, 아픈 아이가 있는 아버지로서 저는 책임을 통감합니다.

졸업식 날 아버지에게 톡톡히 공부거리를 안겨준 아들에게 또다시

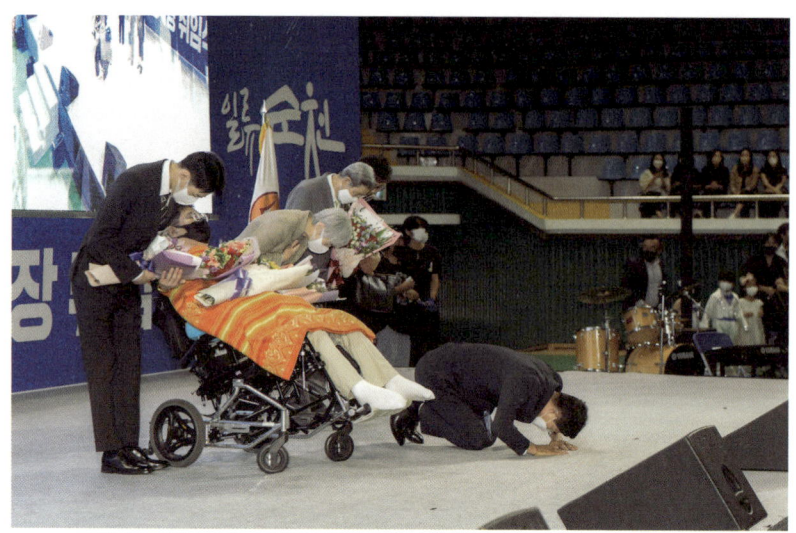

얼마나 많은 사람들에게 희망을 주었는지도 자신할 수 없습니다. 한 사람의 정치인으로서, 시정을 책임진 시장으로서, 아픈 아이가 있는 아버지로서 저는 책임을 통감합니다.

 빚을 진 느낌이에요. 그 빚을 갚기 위해 나는 우리 순천시만이라도 고루 잘 살아서 행복한 웃음이 골목골목 넘치도록 지금보다 더 열심히 뛰어 다닐 겁니다.

 민들레는 거름기 없고 척박한 땅의 돌 틈에서도 잘 자랍니다. 땅이 척박할수록 잘 자라나 기어코 꽃을 피우고 홀씨를 퍼뜨립니다.

나는 마치 내 삶과 같은 그런 민들레의 강인한 생명력이 좋습니다. 내 아이들도 그런 민들레처럼 언젠가 활짝 꽃을 피우기를 바랍니다. 그리고 나와 같은 운명을 짊어진 이들이 민들레처럼 질긴 생명력으로 스스로를 꽃 피울 수 있기를 바랍니다. 그러기 위해 나는 이 땅의 민들레들이 든든하게 뿌리를 내려 새로운 홀씨를 뿌릴 수 있게 돌을 치워주는 일을 하고 싶습니다.

부록

2023 순천만 국제정원박람회 역사(2019~2023)

2023 순천만국제정원박람회
성공의 비밀

2023 순천만국제정원박람회 역사
(2019~2023)

2019

7.18.	박람회 시장님 보고 및 추진방침 결정
7.24.	박람회 개최 AIPH KOREA 협의
7~10월	3개 기자협회 브리핑(7.22. / 7.25. / 9.23. / 10.21.)
9.20.	환경운동연합 브리핑(9.20.)
9. 9.	중국 북경 AIPH 제71차 총회 참석 박람회 유치의사 PT 발표
10.21.	박람회 개최 대국민 설문조사(~2019.11.19.)
10.24.	박람회 기본구상 용역 시행(~2020.1.22.)

2020

1.1.	경자년 해맞이행사 박람회 유치 기원 퍼포먼스
1.3.	박람회 성공개최 및 공동협력 업무협약(전남도-순천시-AIPH KOREA)
1.13.~24.	국제행사 개최 계획서 제출(순천시→전남도→산림청)
1.30.	24개 주민자치위원회 브리핑
1.31.	국제행사 개최 계획서 제출(산림청→기획재정부)
2.6.	AIPH 유치신청(순천시→AIPH)
2.11.~14.	AIPH 현지실사
2.14.	제238회 임시회 2023순천만국제정원박람회 개최의 건 의결
2.20.	기획재정부 국제행사 심사 대상사업 선정
3.3.	2023순천만국제정원박람회 개최 승인(미국 마이애미 AIPH 상반기 총회)

3.15.	박람회 기본계획 수립 완료
3.18.	2023년 AIPH 정기총회 순천 개최 확정
4.10.	시민과 함께하는 제로베이스 구상회의
4.20.	박람회 주제 공모(~2020.5.31. / 1,036건 접수)
4.23.	박람회 추진 관련 협업부서 토론회
4.29.	시민과 함께하는 제로베이스 구상회의(2차)
5.22.	순천시 이통장협의회 브리핑
6.9	박람회 TI개발 용역 착수
6.30.	박람회 종합실행계획 수립용역 착수
7.7.	제1회 민주주의학교 수료 시민 설명회
7.9.	순천만국가정원 대시민 설명회(2023정원박람회+스카이큐브)
7.17.	박람회 조직위원회 설립 및 지원 조례안 의결
7.29.	국제행사 정부승인
7.31.	D-DAY 제막식
8.4.~8.5.	종합실행계획을 위한 합동 워크숍
10.28.	설립 출연 시의회 동의
11.3.	(재)순천만국제정원박람회 조직위원회 설립 발기인대회
11월	박람회 시설조성 기본 및 실시설계(~2021.8.)
12.4.	(재)순천만국제정원박람회조직위 창립총회

2021

1.1.	조직위 사무국 출범(1국 4부 10팀 36명)
4월	수익사업 모델개발 용역 시행(~2021.10.)
5.27.	수익사업 기본계획 승인 완료(전남도→순천시)
6월	박람회 문화행사계획 수립(~2021.11.)
7월	박람회 종합운영계획 수립(~2021.11.)
7.1.	조직위 확대 개편(1사무처 2본부 8부 68명)
7.23.	2023 순천만국제정원박람회 지원 및 사후활용 특별법 국회 통과
8.17.	2023 순천만국제정원박람회 지원 및 사후활용 특별법 공포

12월	분야별 전문기관 용역(2022.11.~2021.12.)

2022

1월	박람회 사무총장 위임
1월	오천언덕 착공
1.3.	박람회 현판 제막식
2.18.	2023 순천만국제정원박람회 지원 및 사후활용 특별법 시행
3.28.	홍보대사 위촉식
3.29.	조직위-한국수목원정원관리원 업무협약
4.1.	조직위-순천문화재단 업무협약
4.23.	찰스젱스 추모 토크콘서트
4.23.	D-365 어린이 그림대회
4.24.	D-365 기념행사
7.1.	사무처 조직개편(2단계 확대) : 1처 2본부 11부 1협력관 26팀 88명 자문관(총감독제) 운영 (2022.7.1.~10.31.)
7.7.	단체관람객 유치 협의(충남도 관광재단, 교육청)
7.8.	제9차 조직위 이사회 개최
7.22.	국제 그린산업발전 포럼
7.23.	AIPH 현지실사
7.25.	전남교육청 수학여행 사전답사 팸투어
7.26.	박람회 추진사항 순천시의회 보고
7.27.	제10차 조직위 이사회 개최
7.29.	정원박람회 88홍보단 위촉
7.30.	박람회 홍보 설명회(자원봉사단체장 간담회)
8.1.	박람회 홍보 설명회(순천시 정례회의)
8.1.	입장권 갖기 붐 조성 및 기부금 전달식(5개 단체)
8.1.	순천시 간부공무원 입장권 전기간권 갖기 붐 조성
8.4.	전남도-산시성 자매결연 5주년 기념행사 박람회 홍보
8.4.	박람회 추진상황 점검회의
8.29.	박람회 SNS서포터즈 발대식

9.1.	순천시-부산광역시 업무협약 체결
9.2.	순천시-순천시 화훼농가 간담회
9.3.	세계 각국 조경관계자 국가정원 방문
9.27.	아세아직판협회 소속 회장단 국가정원 방문
10.10.	명예 홍보대사 위촉(인요한 센터장)
10.15.	2022. 제주 IUCN리더스포럼 발표
10.15.	순천시-조직위-한국산림아카데미 업무협약 체결
10.21.	명예 홍보대사 위촉(가수 박구윤)
10.26.	명예 홍보대사 위촉(김호일 대한노인회장)
11.1.	외국인 유학생, 명예 홍보대사 '순천만메신저' 15인 위촉
11.4.	조직위-한국여행업협회 업무협약 체결
11.4.	시민 홍보대사 위촉(이기장, 장동완)
11.18.	명예 홍보대사 위촉(김윤식 신협중앙회장)
11.28.	조직위-전국시도교육감협의회 업무협약 체결
11.28.	사무처 조직개편(3단계 확대) : 1처 1실 2본부 11부 1협력관 27팀 91명
11.30.	박람회 전문 홍보대사 위촉(최수종-하희라 부부)
12.6.	박람회 사후활용계획 수립 연구용역 착수
12.6.	명예 홍보대사 위촉(이봉수 사무총장)
12.14.	명예 홍보대사 위촉(권영걸 이사장)
12.28.	조직위-광주·전남대학교 업무협약 체결

2023

1.1.	사무처 조직개편(4단계 확대) : 1처 1실 2협력관 2본부 10부 28팀 95명
1.1.	박람회 성공기원 새해 해맞이 행사
1.5.	전국교육장협의회 워크숍 참석, 교육기관 유치활동
1.14.	박람회 현장 설명회
1.18.	전라남도 산림.임업단체와 박람회 성공개최 결의대회
1.20.~24.	설 연휴 박람회 홍보
1.26.	조직위-육아방송 업무협약 체결

1.26.	조직위-코레일 광주전남본부 업무협약 체결
1.26.	조직위-부산외대 업무협약 체결
1.26.	공식 건배주 '현학' 시음회
1.30.	조직위-한국스카우트전남연맹 업무협약 체결
2.1.	NH농협은행 전남본부, 순천만 예금 출시 기념 가입증서 전달
2.2.	2023순천만국제정원박람회, 2023 소비자 선정 최고의 브랜드 대상 수상
2.4.	박람회붐업 페스타 개최
2.4.	명예 홍보대사 위촉(김달범 세계호남향우회 총연합회장)
2.6.~10.	루미오&뚱리엣 대한민국 한바퀴 투어 행사 진행(서울, 대전, 대구, 부산, 창원)
2.10.	D-50 프레스데이 개최
2.10.	명예 홍보대사 위촉(배일동 명창, 알베르토 & 다니엘 & 럭키)
2.10.	청년톡톡 토크쇼 개최
2.13.	사무처 조직개편(5단계 확대) : 1처 1실 2협력관 2본부 10부 29팀 99명
2.24.	조직위-여수공항, 업무협약 체결
2.26.	박람회장 총괄점검
3.1.	사무처 조직개편(6단계 확대) : 1처 1실 2협력관 2본부 10부 30팀 105명
3.2.	D-30 프레스데이 개최
3.8.	여행사 초청 설명회
3.8.	박람회 전용 콜센터 개설
3.8.	장청강 중국 총영사 박람회 성공을 위한 협력 환담
3.8.	조직위-순천시 여성단체협의회, 세계 여성의 날 기념행사 박람회 홍보
3.9.	순천제일대학교 및 청암대학교와 '안전지킴이단' 업무협약 체결
3.10.	가든스테이 사전 숙박 예약 시작
3.13.	조직위-전남도시가스㈜ 업무협약 체결
3.14.	여순광 행정협의회에서 입장권 사전구매 증서 전달식(여수, 광양)
3.16.	전국 시도교육청 초청 프리오픈 행사 진행
3.16.	조직위-광주광역시교육청, 업무협약 체결
3.16.	조직위-광주디자인비엔날레, 공동 홍보 협약
3.19.	박람회 입장권 사전 구매액 50억 돌파
3.21.	명예 홍보대사 위촉(개그맨 황제성)

3.21.~22.	전남 방문의 해 시즌2 서울 페스티벌 홍보 활동
3.22.	박람회 성공개최를 위한 28만 시민 다짐대회
3.23.	박람회 메타버스 홍보관 구축
3.24.	조직위-신한은행, 업무협약 체결
3.24.	명예 홍보대사 위촉(가수 장송호)
3.25.	박람회장 프레오픈 행사
3.27.	D-5 프레스데이 개최
3.29.	시민 홍보대사 위촉(가수 김수련, 시민 김제철)
3.31.	2023순천만국제정원박람회 순천만가든쇼(전시연출 경연대회) 시상식
3.31.	박람회 공식음료(식혜 4종) 출시
3.31.	2023순천만국제정원박람회 개막식
4.1.	개장식
4.2.	정원드림호(12인승) 출항식
4.3.	광주은행, 순천만정원적금과 순천만정원 특판 외화정기예금 출시
4.5.	처용무보존회 시민의 날 '처용무'
4.12.	관람객 100만 명 돌파
4.12.	물위의 정원 개장식
4.12.	부여군 시민의 날 '가무악극' 공연
4.13.	박람회 래핑 홍보 열차 운행
4.15.	네덜란드 국가의 날 '그림그리기 대회' 개최
4.17.	봉산탈춤보존회 시민의 날 '봉산탈춤' 공연
4.18.	성주군 시민의 날 '전통 창작공연'
4.19.	진도군 시민의 날 '국악' 공연
4.20.	영월군 시민의 날 '장릉 낮도깨비' 공연
4.21.	대구 남구 시민의 날 '오페라, 뮤지컬' 공연
4.22.	이탈리아 국가의 날 '성악' 공연
4.22.	YB(윤도현밴드) 단독 콘서트
4.23.	관람객 200만 명 돌파
4.23.	강령탈춤보존회 시민의 날 '강령탈춤' 공연
4.27.	목포시 시민의 날 '무용' 공연
4.27.~29.	영호남 상생협력 대축전, 2023 대한민국 전통문화 대축제

4.29.	탄자니아 국가의 날 '전통댄스, 커피체험'
4.30.	체코 국가의 날 '마리오네트'
5.1.	정원드림호(20인승) 출항식
5.2.	하동군 시민의 날 '마당극' 공연
5.6.	서울 송파구 시민의 날 '송파산대놀이' 공연
5.7.	트로트 한마당
5.4.~6.18	꼬마 반려나무 전시회
5.10.	관람객 300만 명 돌파
5.11.	순천시-포천시 정원산업 발전을 위한 업무협약 체결
5.13.	일본 이즈미시 국가의 날 '전통북' 공연
5.13.	태안군 시민의 날 '다원예술' 공연
5.14.	담양군 시민의 날 '줄타기' 공연
5.15.	중국 닝보시 국가의 날 '월극', '변검' 등 전통공연
5.16.	나주시 시민의 날 '국악' 공연
5.19.	정원골든벨
5.19.	댕댕이와 정원 나들이
5.19.~31.	2023 대한민국 정원식물 전시・품평회
5.20.	최현우 마술쇼
5.20.	고성군 시민의 날 '노동요' 공연
5.21.	체코 국가의 날 '금관 5중주' 공연
5.21.	펭수와 함께하는 가족도전 기네스
5.21.	사천시 시민의 날 '가산오관대' 공연
5.22.	2023 생물 다양성의 날 & 세계 습지의 날 기념식
5.22.	함평군 시민의 날 '함평천지' 공연
5.23.	전라남도 시민의 날 '국악' 공연
5.25.	여수시 시민의 날 '국악' 공연
5.26.~27.	크로스오버 인더 가든 프로젝트 그룹 지리콘서트
5.27.	충주시 시민의 날 '국악' 공연
5.28.	관람객 400만 명 돌파
6.1.	대전 유성구 시민의 날 '합창'
6.2.~6.7.	2023 대한민국 정원산업 박람회

6.2.	낭만정원콘서트 IN 순천(최백호, 동화락)
6.3.	독일 국가의 날 '독일문화 토크쇼'
6.3.	구례군 시민의 날 '합창', '농악'
6.3.	낭만정원 콘서트 IN 순천(조선판풍류)
6.5.	가든뮤직 페스티벌
6.6.	영국 국가의 날 '찰스3세 국왕정원 기념식수'
6.6.	해남군 시민의 날 '우수영강강술래'
6.7.	나윤선 콘서트 'Waking World'
6.9.	경주시 시민의 날 '익스트림 플라잉'
6.10.	완도군 시민의 날
6.10.	몽골 국가의 날 '전통문화공연'
6.10.	해설이 있는 영화음악
6.10.~11.	2023 목재문화 페스티벌
6.11.	북청사자놀음보존회 시민의 날 '북청사자놀음'
6.11.	언덕위 클래식
6.17.	오천 워터아일랜드 개장(~8.15.)
6.17.	곡성군 시민의 날 '관현악'
6.17.	배일동 명창의 K-클래식 공연
6.18.	로맨틱 힐 공연
6.23.	관람객 500만 명 돌파
6.23.~24.	박람회 SNS서포터즈 팸투어(1회)
6.24.	광양시 시민의 날 '합창'
6.24.	기분 JAZZY는 밤
6.25.	아르헨티나 국가의 날 '탱고'
7.3.	사무처 조직개편(1단계 축소) : 1처 1실 2본부 3협력관 8부 26팀 96명
7.14.	광명시 시민의 날 '시립합창단 찾아가는 음악회'
7.19.	주한미국대사관 농무공사참사관 방문
7.21.	폴란드 실롱스키에 주총리 방문
7.22.	남원시 시민의 날 '남원시립국악단 퓨전국악'
7.23.	남해군 시민의 날 '집들이굿놀음'
7.30.~31.	제25회 세계스카우트잼버리 독일 대표단 방문(2,000명)

7.30.	세종특별자치시 시민의 날 '세종 더 굿'
7.30.	남도영화제 시즌 1 / 순천 사전상영회-별의정원
8.4.	음악의 정원 콘서트
8.5	다이나믹 비보잉 인 오천
8.6.	한 여름밤의 팝페라
8.10.~15.	제33회 나라꽃 무궁화 전국축제(산림청)
8.12.	오천 힙합 페스티벌
8.14.	경지밴드 '다다르다' 공연
8.19.	국가정원 맨발걷기 챌린지(~9.18.)
8.19.	상주시 시민의 날 '상주연희단맥' 공연
8.19.	남도영화제 시즌 1 / 순천 사전상영회-수라
8.20.	광양시 시민의 날 '광양시립국악단' 공연
8.20.	시민 오케스트라 공연
8.26.	단양군 시민의 날 청춘극장 '시루섬의 기적' 공연
8.26.	여름 민트 콘서트
8.27.	관람객 600만 명 돌파
8.29.	국제 수채화 페스티벌
9.1.~9.3.	2023 순천시 평생학습 생태박람회
9.2.	장성군 시민의 날 '국악'
9.8.	KBS Always 7000
9.9.	일본 고치현 국가의 날 '요사코이 나루코 오도리'
9.9.	부산 수영구 시민의 날 '좌수영어방놀이'
9.9.	K-타이거즈와 함께하는 태권도 페스티벌
9.10.	정원 어싱 데이
9.15.~22.	제75회 AIPH 정기총회
9.15.	부산 북구 시민의 날 '소년소녀합창단'
9.16	부산 수영구 시민의 날 '수영야류'
9.17.	여수MBC 임동창 공연 '풍류, 너와 함께'
9.18.	2023순천만국제정원박람회 전시연출 경연대회 시상식
9.22.	화순군 시민의 날 '능주들소리'
9.23.	김현철의 유쾌한 오케스트라, 멀티미디어 불꽃쇼

9.27.	라포엠 공연
9.29.	관람객 700만 명 돌파
9.29.	김연우 콘서트 '가을산책'
9.30.	제7회 한방체험센터 웰니스문화제
9.30.	포크콘서트 '찾아가는 전국민 희망콘서트'
10.1.	가을밤 정원 힐링 콘서트
10.2.	TV조선 '트랄랄라 브라더스'
10.2.	슈퍼콘서트 'VOICE OF SOUL'
10.3.	이승환 밴드 단독 콘서트 '가을 흔적'
10.6.	보성군 시민의 날 '보성소리공연'
10.7.	헝가리 국가의 날 '다비드 스피삭 콰르텟 재즈 공연'
10.7.	관람객 800만 명 돌파
10.7.	KBC 가을 퍼플 콘서트
10.9.	소환 콘서트 '응답하라 2000'
10.11.	프레스데이 개최
10.11.	남도영화제 시즌 1 순천 개막(~10.16.)
10.13.	대구 남구 시민의 날 '오페라와 뮤지컬의 콜라보'
10.15.	스페인 국가의 날 '플라멩코'
10.15.	음악의 정원 두 번째 이야기
10.18.	2023 녹색도시 우수사례 오천그린광장 우수상 수상
10.19.	영암군 시민의 날 '물드는 가을 풍류'
10.21.	황치열&정인 '같이 들을까'
10.22.	관람객 900만 명 돌파
10.27.	2023 순천 청년문화 대축제 & 청춘마이크 체크인 페스티벌(~10.28.)
10.28.	남해군 시민의 날 '고현집들이 굿놀음'
10.28.	양주시 시민의 날 '양주 별산대놀이'
10.29.	일본 사가현 국가의 날 '전통 무용'
10.31.	2023순천만국제정원박람회 폐막식

노관규 시장의 출생에서 순천시장까지

출생	1960년 전라남도 장흥
1978	매산고 졸업
1978	구로공단 노동자
1979	국세청 9급 공무원
1992	사법시험 합격
1997	대검찰청 중앙수사부 검사
1997	서울지방검찰청 북부지청 검사
1998	서울지방검찰청 의정부지청 검사
1999	수원지방검찰청 검사
2000	새천년민주당 강동갑지구당 위원장
2000	제16대 국회의원선거 새천년민주당 서울 강동구갑 국회의원 후보
2002	새천년민주당 김대중 총재 특보
2002	새천년민주당 예산결산위원장
2004	제17대 국회의원선거 새천년민주당 전남 순천시 국회의원 후보
2007	제5대 전라남도 순천시 시장
2011	제6대 전라남도 순천시 시장, 2013순천만국제정원박람회 조직위원회 조직위원장
2012	민주통합당 순천.곡성 지역위원장
2012	제19대 국회의원선거 민주통합당 전남 순천시곡성군 국회의원 후보

2014	새정치민주연합 전남도당 집행위원
2016	제20대 국회의원선거 더불어민주당 전남 순천시 국회의원 후보
2017	섬진강인문학교 이사장
2017	제19대 대통령선거 더불어민주당 문재인 후보 중앙선거대책위원회 국정자문단 공동단장
2017	제19대 대통령선거 더불어민주당 문재인 후보 중앙선거대책위원회 순천통합발전 특별위원회 위원장
2022	제20대 대통령선거 더불어민주당 이재명 후보 선거대책위원회 총괄특보단 정무기획단장
2023	제10대 전라남도 순천시 시장, 2023순천만국제정원박람회 조직위원회 조직위원장

※ 검사 재임시절 한보그룹 정태수 비자금 사건 수사(건국 후 최대 금융 비리 사건으로 수천억원의 탈루세액과 보유.은닉 재산을 백원 단위까지 밝혀냈다), 김현철(김영삼 전 대통령의 차남)비자금 사건 수사, 의정부 법조비리 사건 수사를 하며 작두검사로 불렸다(구로공단 장갑 공장에서 작두로 원단 자르는 일을 해서 생긴 별명)

참고문헌

1부 순천만정원박람회의 기적: 시작에서 끝까지 7개월의 기록

중앙일보. "노관규의 생태도시 실험, 대한민국을 흔든다." 2023.06.22. https://www.joongang.co.kr/article/25171687

순천KBS라디오. "순천정원박람회의 성과, 그리고 새로운 계획." 2023.11.09. https://www.youtube.com/watch?v=jdOPztd6sAc

2부 순천만정원박람회, 시작에서 끝까지

뉴시스. "개최 100일전 부터 10년후의 미래를 설계하다." 2023.12.06. https://www.newsis.com/view/?id=NISX20221206_0002113525&cID=10899&pID=10800

노컷뉴스. "순천시장 "2023정원박람회, 싹 바꿨다…천국 보게 될 것"." 2022.12.20. https://www.nocutnews.co.kr/news/5867539

쿠키뉴스. "세계적인 환경수도를 벤치마킹하다." 2023.02.21. https://www.kukinews.com/newsView/kuk202302210140

월간중앙. "노관규 시장의 오랜 꿈, '생태 수도'를 만나다." 2023.03.17. https://jmagazine.joins.com/monthly/view/337570

KBS. "D-7일 "4월에는 순천하세요" 준비 박차." 2023.03.23. https://news.kbs.co.kr/news/pc/view/view.do?ncd=7633499&ref=A

데일리한국. "노관규 시장, 박람회 이후 100년을 준비하고 있다." 2023.03.27. https://daily.hankooki.com/news/articleView.html?idxno=938463

노컷뉴스. "윤석열 대통령 부부가 참석한 개막식." 2023.03.31. https://www.nocutnews.co.kr/news/5920032

에너지경제. "가장 현실적인 기후위기 대응방안." 2023.04.24. https://www.ekn.kr/web/view.php?key=20230424010005987

일요신문. "D+23일, 200만 관람객 돌파." 2023.04.27. https://ilyo.co.kr/?ac=article_view&entry_id=451163

서울신문. "D+58일만에 400만 돌파한 <흥행 비결>." 2023.06.19. https://go.seoul.co.kr/news/newsView.php?id=20230619014002&wlog_tag3=naver

YTN. "3만불 시대, 새로운 선진국으로 가는 '정원의 삶' 모델 제시." 2023.07.06. https://www.ytn.co.kr/_ln/0115_202307061838343994

KBS. "정원 플래너로서의 노 작가의 총괄 지휘." 2023.09.19. https://news.kbs.co.kr/news/pc/view/view.do?ncd=7777237&ref=A

서울경제. "한국형 디즈니랜드를 위한 미래 전략." 2023.10.16. https://www.sedaily.com/NewsView/29VZCUJSQ0

MBN. ""'미래의 정원에 K-콘텐츠 심겠다'." 2023.10.27. https://www.mbn.co.kr/news/society/4973592

뉴시스. "국내 최초 위치추적 흑두루미, 순천만에 돌아왔다.." 2023.10.29. https://www.newsis.com/view/?id=NISX20231029_0002500515&cID=10899&pID=10800

헤럴드경제. "214일간의 긴 여정, 순천의 기적." 2023.10.31. https://news.heraldcorp.com/village/view.php?ud=20231031000736

조선일보. "새만금과 다른 순천만 정원의 3가지 성공 비결." 2023.11.01. https://www.chosun.com/national/regional/honam/2023/11/01/HRSX3IO3UZHHLCW24M3KT557UE/?utm_source=naver&utm_medium=referral&utm_campaign=naver-news

서울경제. "'3합'의 완벽한 조화, 지방 행정의 신모델." 2023.11.02. https://www.sedaily.com/NewsView/29X2VOSMR7

국민일보. "K-디즈니 조성 박차… 순천형 문화콘텐츠 생태계 만든다." 2023.11.20. https://m.kmib.co.kr/view_amp.asp?arcid=0018890250

4부 20년 만에 다시 읽는 나의 자서전

일요신문. "[인터뷰] 노관규 순천시장 "민주당, 선거구 해결 없인 호남에 표 달라 못해"" 2023.04.27.
https://ilyo.co.kr/?ac=article_view&entry_id=451163

서울경제. "무소속 출신의 3선 순천시장의 정치철학과 행정의 비전." 2023.06.19. https://www.sedaily.com/NewsView/29QWZ5G9FN